Dedem Korkut Boy Boyladı

Vier alttürkische
Nomadensagen
neu erzählt

von

Adnan Binyazar

Aus dem Türkischen
von
Hartwig Mau

Ararat Verlag

Originaltitel:
Dedem Korkut Boy Boyladı

CIP-Kurztitelaufnahme der Deutschen Bibliothek

Dedem Korkut:
dt.-türk. = Vier alttürkische Nomadensagen/
neu erzählt von Adnan Binyazar.
[Aus d. Türk. von Hartwig Mau. –
Berlin: Ararat Verlag, 1984.]
(Texte in zwei Sprachen)
Einheitssacht.: Dedem Korkut
ISBN 3-921889-46-4
NE: Binyazar, Adnan [Bearb.]

Umschlag:
Refik Toksöz

Satz:
Rudolph Benens & Co., Berlin (West)

Druck:
J. F. Steinkopf Druck + Buch GmbH, Stuttgart

© 1984 by Ararat Verlag GmbH, Berlin (West)

ISBN 3-921889-46-4

INHALT

Vorwort
Seite 7

Die Geschichte von Dedem Korkut
Seite 10

Boğaç Chan
Seite 27

Der Wilde Dumrul
Seite 50

Tepegöz
Seite 65

Türkischer Textteil – Türkçe Bölüm
Seite 88

Vorwort

Die Erzählungen von Dedem Korkut wurden, so nimmt man an, im 14. und 15. Jahrhundert niedergeschrieben. Es steht jedoch fest, daß ihre Entstehung weit früheren Ursprungs ist. Aus diesem Grunde bezeichnet man die Geschichten auch als „Epos".

Die Niederschrift mit dem originären Titel *Kitab-ı Dedem Korkut alâ lisan-ı taif e-i Oğuzan* („Das Buch von Dedem Korkut in der Sprache des Oghusenvolkes") befindet sich in der Dresdner Königlichen Staatsbibliothek; von Diez hat 1815 in seiner Abhandlung „Denkwürdigkeiten von Asien" aus dieser Niederschrift die Erzählung „Tepegöz" ins Deutsche übersetzt und so die wissenschaftliche Welt mit den Erzählungen von Dedem Korkut bekanntgemacht. Die in Dresden befindliche Schrift weist neben den zwölf „Boy" (Heldensagen) einen als „Anfang" betitelten Abschnitt auf.

1950 veröffentlichte dann der italienische Gelehrte Ettore Rossi eine Abhandlung mit dem Titel *Kitab-ı Dede Qorqut* („Das Buch von Dede Qorqut"), nachdem er auf eine andere Schrift gestoßen war, die sieben der Dede-Korkut-Erzählungen enthielt. Ettore Rossi veröffentlichte die Schrift im Faksimile; das Original befindet sich in der Bibliothek des Vatikans.

Auch in anderen von türkischen Wissenschaftlern als bedeutend angesehenen alten Schriften ist von Dedem Korkut die Rede, befinden sich Bruchstücke von Geschichten, die man auf ihn zurückführt. Außerdem ähneln nicht wenige Märchen und Erzählungen, die in verschiedenen Gegenden Anatoliens und in Aserbeidschan erzählt werden, ganz augenscheinlich den von Dedem Korkut erzählten.

All das weist nicht nur auf die Existenz eines Erzählers namens Dedem Korkut hin, sondern läßt auch erkennen, daß hier ausgereifte Kunstwerke der türkischen Literatur entstanden sind. Die Erzählungen weisen die Eigenheiten teils von Märchen, teils von Epen, teils von Geschichtsschreibung auf. Mit all diesen ihren Besonderheiten legen die Erzählungen ein beredtes Zeugnis von türkischer Kultur und Lebensart ab. Außerdem liest man sie interessiert und ist gefesselt wie von einem Kunstwerk. Ihre sprachliche Einfachheit und Klarheit und ihr Erzählfluß sorgen dafür, daß die Geschichten auch heutzutage noch „ankommen". Liebe zur Natur, sorgfältige Schilderung auch scheinbar belangloser Kleinigkeiten des menschlichen Daseins und dichterischer Überschwang stecken in jeder Zeile dieser Geschichten.

Aus dem wertvollen Werk habe ich die Erzählungen „Boğaç Chan", „Der wilde Dumrul" und „Tepegöz" ausgewählt. Diese wenigen Beispiele sind geeignet, die Wurzeln unserer Kultur zutage zu fördern. Soweit ich irgend konnte, habe ich mich bemüht, die originäre Erzählweise der Geschichten beizubehalten. Aber gänzlich veraltete Wörter und ausgefallene Redewendungen habe ich nicht mehr verwendet.

Ich hoffe, dies erstrangige Zeugnis unserer Kultur möge allenthalben das ihm gebührende Interesse wecken.

Adnan Binyazar

Die Geschichte
von Dedem Korkut

Nicht lange nach des Propheten Mohamed Zeiten, da kam aus dem Stamme der Bayat ein Recke mit Namen Korkut Ata. Dieser Recke war der Weise der Oghusen. Sie verehrten ihn wie einen Heiligen. Was immer er sagte, es geschah. Alles erschaute er. Korkut Ata wußte alle Bedrängnis, die dem Oghusenvolk widerfuhr, abzuwenden. Und die Oghusen führten getreulich aus, was immer er befahl; sie taten nichts, wozu sie nicht zuvor seinen Rat gehört hätten. Seine mitreißenden Worte, seine weisen Ratschläge wurden überall verbreitet. Und so sprach Dedem Korkut:

Wenn Gott der Herr nicht spricht, so geht kein Ding den rechten Gang. Wenn Gott nicht gibt, wird niemand Hab und Gut vermehren. Auf keines Menschen Haupt käm' je ein Fluch, schrieb Er es nicht zuvor auf seine Stirn. Es stirbt auch keiner je, des Stunde nicht geschlagen hat. Den Sterbenden wird niemand auferwecken; wer von uns ging, wird nicht mehr wiederkommen. Und wäre eines Recken Habe so gewaltig groß wie ein Gebirge, er möcht' sie sammeln, häufen, mehren: Sie ist nie mehr, als ihm das Schicksal zugeteilt. Und wenn der Fluß wild tosend über seine Ufer träte, es würde doch kein Meer aus ihm. Den Prahlhans liebt Gott nicht; Hochmütigen wird niemals Glück zuteil. Ernährst du auch ein fremdes Kind, so wird's doch nicht dein eigenes; ist es zum Mann geworden, geht es davon auf Nimmerwiedersehen. Aus einem See wird nie ein Hügel werden; aus deinem Schwiegersohn auch nie dein Kind. Du magst am Zaum des Esels zerren, wie du willst — ein Maultier machst du nicht aus ihm. Beehre deine Dienstmagd groß mit einem Kaftan, aus ihr wird dennoch keine Dame. Und wenn der Schnee im Winter alles unter sich begrübe, er bleibt doch bis zum Sommer nicht; der Frühlingsflaum des jungen Grases, er bleibt doch bis Oktober nicht. Aus alter Wolle wird kein Tuch; aus altem Feind wird niemals Freund. Wenn einer seinem Pferd nicht zusetzt, kommt er nicht sehr weit. Wenn er sein blankes Schwert nicht zieht, schlägt er den Feind nicht in die Flucht. Wenn jemand seine Habe schont, wird er im Land ein Unbekannter bleiben. Was einst ein Mädchen bei der Mutter nicht gesehen, bewirkt bei ihm ein Rat nun auch nicht mehr. Wenn einst ein Knabe es beim Vater nicht gesehen, wird seine Tafel niemals gastlich sein. Der Sohn ist seines Vaters Sprößling, von seinen beiden Augen eines; ein guter Sohn ist wie die Glut, die still im Herde glimmt. Und wenn der Vater stirbt und hinterläßt ihm keine Habe, was soll der Sohn dann machen? Was hat er denn von dessen Eigentum, wenn ihm das Glück nicht zugetan ist? Glückloser Leute Niedertracht, davor bewahr' euch Gott, ihr Herrn, fürwahr!

Ein widerspenstig stolzes Pferd besteigt ein kleiner Mann nicht leicht; und tut er's doch — bestieg' er's nicht, wär's besser! Und wenn die Ängstlichen mit ihrem Schwerte schlagen — schlügen sie nicht, wär's besser! Eh' ein erfahr'ner Mann zu Schwert und Pfeil und Bogen greift, nähm' einen Morgenstern* er besser! Ein Haus, das keinen Gast beherbergt — wenn man's zerstört, wär's besser! Das bitt're Gras, das selbst ein Pferd nicht fressen mag — wenn es nicht wüchs', wär's besser! Die bitt'ren Quell'n, die niemand trinken mag — wenn sie nicht flössen, wär' es besser! Und zeugt ein Mann 'nen Sohn, mißraten und zur Schande ihm gereichend — zeugt' er ihn nicht, wär's besser! Und kommt die Mutter mit ihm nieder — käm' er nicht auf die Welt, wär's besser! Ein Sohn, der seinem Vater Glück und Ehre bringt, ist besser! Und sollten diese Worte einst auf dieser Erde unwahr werden — würden sie's nicht, wär's besser! Und schenkten sie den Ehrlichen ein dreimal dreißig und zehn Jahre langes Leben, wär' es besser! Euer Leben währe dreimal dreißig und zehn Jahre lang, Gott bringe niemals Unglück über euch, und ewig glücklich sollt ihr sein, ihr Herrn, fürwahr!

Der Hirsch weiß Weideplätze überall längs seiner Wege, der wilde Esel alle Plätze frisch ergrünter Wiesen. Das Kamel weiß aller seiner Wege Spuren, der Fuchs von sieben Tälern eines jeden eigenen Geruch. Wenn nachts die Karawane aufbrach, weiß die Lerche es; die Mutter weiß von allen Knaben wohl, wer ihre Eltern sind. Das Pferd weiß gut, wer schwer, wer leicht; das Maultier weiß, wie schwer die Last, die man ihm aufzubürden

---

* Keule mit Stahlspitzen – d. Ü.

pflegt. Wo ihn die Schmerzen peinigen, weiß nur der Leidende; wo den Bewußtlosen die Schmerzen plagen, weiß allein das Hirn. Von Ort zu Ort mit seiner Kopuz* zieht der Barde, von Herrenzelt zu Herrenzelt; der Barde* weiß, wer knickrig und wer freigebig. Der Barde spiel' euch auf und singe! Vor drohend Unheil schütz' euch Gott, ihr Herrn, fürwahr!

Und so soll sein mein frommer Lobgesang: Preis sei droben unserm Gott! Preis sei Mohamed, dem Gottesfreund und Glaubensstifter! Preis sei Ebubekir Sıddık, Mohameds Begleiter beim Gebet! Preis sei dem Beginn des letzten Teiles des Korans, der „Amme"! Preis sei „Yasin", wenn man es bedachtsam vorträgt! Preis sei Ali, erstem aller Krieger, der mit Schwertgewalt dem Glauben Bahn brach! Preis sei seiner Söhne Paar, Hüseyin und Hasan, Enkeln des Propheten, die bei Kerbelâ durch die Yesiden fielen, Zeugen unsres Glaubens! Preis sei dem Koran, Allwissendheit, von Gott geschrieben und herabgesandt! Preis sei Osman, erstem aller Schriftgelehrten, der ihn niederschrieb und in Geduld die Weisen lernen ließ! Preis sei Gottes Haus in Mekka, das in eb'nem Tal gebaut ward! Preis dem frommen Pilger, wenn dies Mekka er gesund erreicht und wohlbehalten wiederkehrt nach Hause! Preis sei seiner Andacht bei den Hutbe-Predigten des Freitags! Preis sei der Gemeinde, die der Predigt lauscht! Preis sei, der vom Minarett zum Beten ruft, dem Hodscha! Preis sei einer Frau, wenn sie bescheiden beugt ihr Knie! Preis dem Vater, wenn die Schläfen ihm ergraut!

---

* s. weiter unten S. 16 ff., bes. S. 26

Preis der Mutter, die ihr Kind stillt, bis die Milch versiegt ist! Preis dem liebevollen Bruder! Preis dem Hochzeitszelt, wenn es bei einem schmucken Hause steht! Preis am Zelt der langgezog'nen Leine! Preis dem Sohn! Preis sei Gott, dem Unvergleichlichen, dem Schöpfer aller Welten! Erhab'ner Gott, den ich gepriesen, freundlich sei er euch und helfe euch, ihr Herrn, fürwahr!

Und so sprach Dedem Korkut über die Frauen:

Von den Frauen gibt es vier Sorten: Die eine wahrt dir Haus und Herd, die andre Grimm und Gram beschert; eine ist hui, und eine ist pfui.

Die Frau, die Haus und Herd dir wahrt, ist eine, die, wenn ihr Mann noch nicht daheim ist und, aus der öden Wildnis kommend, ins Haus ein Fremder einkehrt, ihn ehrenvoll und reich bewirtet und dann den weit'ren Weg ihm weist. Diese Frau ist vom Schlage der Ayşe und der Fatma. Ihre Kinder mögen gesund heranwachsen! Eine Frau wie sie gehört an jeden Herd!

Nun zu der, die Grimm und Gram beschert: Morgens steht sie auf und besorgt sich, ohne vorher Hände und Gesicht zu waschen, neun Fladen und einen Becher Joghurt. Sie stopft sich damit voll bis zum Geht-nicht-mehr. Dann stemmt sie die Hände in die Seiten und sagt: „Seitdem ich bei diesem gottverdammten Kerl gelandet bin, bin ich noch keinmal richtig satt geworden, hab' auch noch nie was zu lachen gehabt. Ob für'n Fuß 'nen Schuh, ob für's Gesicht 'n Tuch, nichts davon hab' ich bisher bekommen! Wenn der Kerl sterben würde und ich käme zu 'nem andern, na und? Wär' zu schön, um wahr zu sein; bestimmt wär's jemand Passenderes. . ." Solch einer sollen keine Kinder heranwachsen! Eine Frau wie sie gehört an keinen Herd!

Und nun zu der, die hui ist: Sie steht erst auf, wenn man sie wachrüttelt. Ohne vorher Hände und Gesicht zu waschen, treibt sie sich im großen Zelt bald hier, bald dort herum, klatscht und trascht mit Hinz und Kunz, lauscht an fremden Türen und läuft bis mittags herum. Am Nachmittag kommt sie wieder nach Hause und bemerkt, daß der diebische Hund und das fette Kalb ihr Haus auf den Kopf gestellt haben und es sich halb in einen Hühnerschlag, halb in einen Kuhstall verkehrt hat. Da schreit sie dann zu ihren Nachbarinnen hinüber: „Zeliha, Zübeyde, Ürüveyde, Cankız, Çanpaşa, Ayna Melek, Kutlu Melek! Ich bin doch nicht weggegangen, um im Grab zu verschwinden! Zum Schlafengehen war immer noch dieser gottverdammte Platz hier da! Was wär' denn schon dabei gewesen, wenn ihr 'n bißchen auf mein Haus geachtet hättet! Nächstendienst ist Gottesdienst!" So einer sollen keine Kinder heranwachsen! Eine Frau wie sie gehört an keinen Herd!

Nun aber zu der, die pfui ist: Ist ihr Mann daheim und kehrt aus öder Wildnis in das Haus ein angeseh'ner Fremder ein, so sagt ihr Mann zu ihr: „Steh auf, besorg uns Brot zum Essen, auch für den Gast; es ist kein geback'nes Brot mehr übrig." Doch das Weib erwidert dann: „Was soll ich machen? In diesem gottverdammten Haus gibt's ja weder Mehl noch'n Sieb; und das Kamel ist auch noch nicht von der Mühle zurück." Sie stemmt die Hände in die Hüften, dann dreht sie ihrem Mann das Hinterteil zu.

Gib ihr tausend Ratschläge, sie macht sich bei keinem was draus; die Worte des Ehemanns gehen beim einen Ohr rein, beim anderen raus. Sie ist vom gleichen Schlage wie der Esel des Propheten Noah. Gott bewahre euch vor ihr; eine Frau wie sie gehört an keinen Herd!

Dedem Korkut erzählt die Geschichten von den Oghusen, um Vorbilder zu geben; den vorbildlichen Helden gibt er Namen. Seine Namensgebungen werden als glückverheißend angesehen. Am Ende jeder Geschichte trägt er Sprüche vor, voller Lebensweisheit und Welterkenntnis. Stets begleitet er sich dabei auf seiner langhalsigen Kopuz. Am Schluß fast jeder Geschichte sagt er einen Spruch her:

So sind auch sie von dieser Welt nun fort,
Den Wanderern gleich; zu 'nem fremden Ort,
Den uns der Tod verhüllt, dahin sie geh'n,
Die sterbliche Welt aber bleibet besteh'n.

Verderblich vergängliche Welt,
Ganz und gar sterbliche Welt . . .

Und dann fleht er zu Gott:

Möge der dunkle Tod ihm Ruhe schenken;
Möge der Herr mit Maß und klug sein Glück vermehren;
Mög' der erhab'ne Gott, den ich gepriesen, wie ein Freund ihm helfen!

Die dunklen Berge deiner Heimat soll'n bestehen bleiben!
Den großen Baum, den schattenspendenden, soll niemand fällen!
Dein lieblich plätschernder Quell soll nie versiegen!
Deine Flügel soll dir niemand stutzen!
Dein edles Pferd, es soll im Lauf nicht straucheln!
Im Kampfe soll dein stählern Schwert nicht schartig werden!
Und deine schmucke Lanze soll beim Stechen nicht zerfallen!
Wo deine weißhaarige Mutter ist, da sei der Garten Eden!
Wo dein weißbärt'ger Vater ist, da sei der Garten Eden!
Die Gott entzündet', deine Leuchte, sie soll allzeit brennen!
Gott geb', daß du nie Schurken mußt um Hilfe bitten!

Und auch dies sagt er immer am Ende jeder Geschichte:

„Nach meiner Mär soll'n große Barden singen, sie feinen, edlen Herrn zu Ohren bringen."

Im Volk ist über ihn eine Legende verbreitet:

Um dem Tode zu entfliehen, stieg Korkut Ata auf ein sagenhaftes geflügeltes Kamel namens Cilmaya und flog auf ihm zu einem der vier Enden der Welt. Dort, so dachte er, werde der Tod ihn nicht auffinden können. So gelangte er in ein unbekanntes Land. Dort sah er unterwegs, wie Bauern gerade eine Grube aushoben. „Für wen grabt ihr diese Grube?" fragte er. Darauf die Bauern: „Für Korkut!" Er gab sich ihnen aber nicht zu erkennen, sondern flog zu einem anderen Ende der Welt. Dort jedoch widerfuhr ihm das gleiche. Und als er dies auch noch am dritten und am vierten Ende der Welt erlebt hatte, gab er die Hoffnung auf seine Errettung auf und kehrte heim in sein altes Zelt. Dort schlachtete er das Kamel, nähte das Fell zu einem Sack zusammen und steckte in ihn seine Kopuz hinein. Dann nahm er seinen Gebetsteppich und breitete ihn mitten im Fluß aus. Der Teppich ging nicht unter. Korkut sprach Tag und Nacht kein einziges Wort, sondern flehte still zu Gott.

Während er flußabwärts trieb, lag er in Gedanken da, von woher der Tod wohl kommen werde, und fiel darüber in tiefen Schlaf. Im selben Augenblick erschien der Tod in Gestalt einer kleinen Schlange auf dem Teppich, die biß Korkut und tötete ihn.

Man begrub Korkut an einem Berghang nahe dem Fluß und legte auch seine Kopuz zu ihm ins Grab. Zu seinen Lebzeiten hatte Dedem Korkut von seiner Kopuz verlangt, sie solle so traurige Töne erklingen lassen, als weine sie über ihren Herrn. Seitdem bringt die Kopuz die Stimme ihres Herrn zu Gehör.

Eine andere Legende über Dedem Korkut ist die folgende:

Korkut flieht von einem Ende der Welt zum anderen, um sich vor dem Tod zu retten, doch überall trifft er auf ihn. Ein morscher und verfallener Baum im Wald, eine von der Sonne ausgedörrte Pflanze, mächtige Berge, sie alle zeigen Korkut an, daß ihn das gleiche Ende erwartet. Aus Kummer schnitzt sich Korkut eine Kopuz und zieht Saiten auf sie auf. So verleiht er dem Kummer, der ihn quält, eine Stimme. Seitdem ist die Kopuz, die seine Seele zum Klingen bringt, überall zu hören.

Ähnliche Legenden über Dedem Korkut gibt es sehr viele; sie erzählen davon, welchen Platz er im Herzen des Volkes gewonnen hat. Aber mehr noch gewinnt er durch die Geschichten, die er erzählte, den Charakter einer realen Person. Er wurde zum Weisen, der dem Volk der Oghusen den Weg wies und strittige Fragen löste. Folgende Begebenheit aus der Geschichte von „Bamsı Beyrek" macht Dedem Korkuts Bedeutung sehr gut verständlich:

Der Edle Büre will seinen Sohn Bamsı Beyrek heiraten lassen. Er fragt ihn, wen er zur Frau wolle. Der Sohn nennt die Eigenschaften, die seine zukünftige Frau haben müsse: „Vater, such' mir solch ein Mädchen, das aufgestanden ist, bevor ich aufstehe; das meinen jungen Rappen bestiegen hat, bevor ich ihn besteige; und das mir den Kopf meines Feindes gebracht hat, bevor ich ihn angreife." Der Vater versteht sofort, welches Mädchen er meint. Es ist Banı Çiçek, die Tochter des Edlen Bican. Sie ist von unvergleichlicher Schönheit, jedoch bekam sie noch nie jemand zur Frau. Denn das Mädchen hat einen Bruder, den alle den Wilden Karçar nennen; wer das Mädchen begehrt, den tötet er. Daher halten die Edlen des Oghusenvolkes einen Rat ab, und sie beauftragen Dedem Korkut, vom Wilden Karçar die Freigabe von Banı Çiçek zu fordern. Es geht dann so weiter:

Dedem Korkut antwortet:

„Meine Freunde, da ihr mich ja nun zum Wilden Karçar schicken wollt, obwohl ihr wißt, daß er jeden tötet, der seine Schwester begehrt — so bringt mir wenigstens aus den Stallungen des Bayındır Chan zwei schöne schnelle Pferde! Der eine Hengst soll sein schnellster sein, der mit dem Ziegenkopf; der andere soll sein lammköpfiger Rotfuchs sein. Wenn ich Hals über Kopf flüchten muß, will ich auf den einen aufspringen und den anderen als Ersatz mitnehmen."

Man befand, Dedem Korkuts Ansinnen sei am Platze. So ging man hin und brachte aus den Stallungen des Bayındır Chan die zwei Pferde herbei. Dedem Korkut bestieg das eine, während er das andere als Ersatz neben sich mitlaufen ließ. „Freunde, Gott befohlen!" rief er noch, dann ritt er davon.

Nun aber, ihr Herren, hatte der Wilde Karçar sein großes weißes Zelt irgendwo auf freiem Feld errichten lassen. Er saß gerade mit seinen Freunden zusammen und hielt ein Wettschießen ab, als Dedem Korkut bei ihnen eintraf. Der beugte sein Haupt, schloß ihn in die Arme und sprach die allerherzlichsten Grußworte. Der Wilde Karçar aber, schäumend vor Wut, sah Dedem Korkut durchdringend an und sagte:

„Friede sei mit dir! Aber herrje, du bist ja wohl verrückt und völlig durchgedreht. Der große Gott hat dir Gram auf deine bleiche Stirn geschrieben! Kein Menschenkind hat je hierher kommen, kein fremder Mund hat je von meinem Brunnen trinken dürfen. Was ist in dich gefahren? Bist du denn verrückt geworden? Bist du denn völlig durchgedreht? Hat deine letzte Stunde geschlagen? Was willst du hier?"

Dedem Korkut entgegnete der Frage des Wilden Karçar mit einem Spruch:

„Den dunklen Berg dort drüben zu besteigen, kam ich her,
Von seinem lieblich plätschernden Quell zu trinken, kam ich her,
In seinem üpp'gen Saum bescheidne Zuflucht mir zu suchen, kam ich her."

Und dann eröffnete er ihm, warum er gekommen sei:
„Durch Allahs Gebot und das Wort des Propheten bin ich gekommen, deine Schwester Banı Çiçek, die milder ist als der Mond und schöner als ein Stern, für Bamsı Beyrek zu begehren."

Kaum hatte Dedem Korkut das gesagt, rief der Wilde Karçar seinen Mannen zu:

„Ho, tut, was ich euch gesagt habe! Sattelt schnell den Rappen und bringt ihn her!"

Schnell sattelten sie den Rappen, brachten ihn herbei und halfen dem Wilden Karçar in den Sattel. Dedem Korkut aber löste seinem Pferd die Fußfessel und floh, so schnell er nur konnte. Der Wilde Karçar jagte hinter ihm her. Als der lammköpfige Rotfuchs ermattete, sprang Dedem Korkut auf den schnellen Ziegenköpfigen hinüber. Dann ging die wilde Jagd fort, bis schließlich der Wilde Karçar in einer bergigen Gegend Dedem Korkut den Weg abschneiden konnte. Als Dedem Korkut ihn plötzlich vor sich auftauchen sah, schreckte er überrascht zurück; er rief zu Gott mit dem Stoßgebet „Des Erhabenen Name". Der Wilde Karçar zückte das Schwert, stieß einen Fluch aus und stürmte auf ihn los, in der Hoffnung, Dedem Korkut im Kampf in die Tiefe hinabzuschleudern. Da schrie Dedem Korkut: „Schlägst du zu, so soll deine Hand erstarren!"

Da blieb durch Geheiß Gottes des Wilden Karçar Hand starr in der Luft stehen. Denn Dedem Korkut war mit Zauberkraft begabt; seine Wünsche gingen in Erfüllung. Da flehte der Wilde Karçar ihn an:

„Erbarmen! Ach, Erbarm' dich mein! Gott der Herr ist all und ein! Laß du meine Hand wieder gesunden, dann — bei den Geboten Allahs und bei den Worten des Propheten — will ich dir auch meine Schwester für Beyrek geben."

Das wiederholte er dreimal und bat dabei um Vergebung für sein Vergehen. Da flehte Dedem Korkut zu Gott, und durch sein Geheiß ward die Hand des Wilden Karçar wieder ganz gesund. Nun begannen die beiden Männer den Brautpreis auszuhandeln. Karçar fragte:

„Dede, wirst du mir als Preis für meine Schwester geben, was auch immer ich verlange?"

„Wir möchten es", antwortete der; „doch was ist es denn, was du verlangst?"

„Bring mir tausend Kamelhengste, die noch ohne Zähne sind; und tausend Pferdehengste, die noch keine

Stuten besprungen haben; und tausend Widder, die noch bei keinem Schaf gewesen sind; und tausend Hunde, die noch ohne Schwanz und Ohren sind. Und dann bring mir auch noch tausend Flöhe. Bringst du mir all das, so gebe ich dir meine Schwester bereitwillig her; solltest du es mir aber nicht bringen: Diesmal ließ ich dich noch am Leben, doch dann sollst du Todes sterben!"

Dedem Korkut kehrte nach Hause zurück und kam in das Haus des Edlen Büre. Der Edle Büre fragte:
„Dede, bist du ein Jüngling oder ein Mädchen?"
„Ich bin ein Jüngling!"
„Aber wie konntest du dich aus des Wilden Karçar Hand retten?"
„Gott erwies mir seine Güte, die Heiligen ihre Gunst, und so hab' ich das Mädchen bekommen!"
Und er kam als Freudenbote auch zu Beyrek, seiner Mutter und seinen Schwestern, und sie freuten sich alle. Der Edle Büre aber fragte:
„Wieviel Tauschgut hat der Wilde Karçar verlangt?"
Dedem Korkut erwiderte:
„Es soll nicht befrieden und nicht genügen; der Wilde Karçar hat unendlich viel verlangt."
„So sag doch, was hat er alles verlangt?"
„Tausend Pferdehengste verlangte er, die noch keine Stuten besprungen haben; und tausend Kamelhengste, die noch ohne Zähne sind; und tausend Widder, die noch bei keinem Schaf gewesen sind; und tausend Hunde ohne Schwänze und Ohren. Und auch noch tausend winzige Flöhe hat er verlangt. ‚Bringst du mir dies alles', sagte er,

‚so gebe ich dir meine Schwester her; solltest du es jedoch nicht bringen, so erscheine vor meinen Augen nicht, oder ich töte dich!'"

„Dede, wenn ich von den fünf Forderungen drei besorge, besorgst du mir dann die beiden übrigen?"

„Es sei, Herr! Ich will sie dir besorgen!"

„Alsdann, Dede, besorge du die Hunde und die Flöhe", sagte er.

Danach ging der Edle Büre selbst durch alle Ställe; zuerst zu den Pferden, wo er tausend Hengste aussuchte, dann zu den Kamelen, wo er wieder tausend Hengste, schließlich zu den Schafen, wo er tausend Widder aussuchte. Dedem Korkut aber besorgte tausend Hunde ohne Schwänze und Ohren und noch tausend Flöhe. Dann nahm er alles und brach damit zum Wilden Karçar auf.

Als der Wilde Karçar sein Kommen vernahm, ging er ihm entgegen: „Laß sehen, ob sie beschafft haben, was ich gesagt habe!"

Als er die Pferdehengste sah, war er's zufrieden, ebenso als er die Kamelhengste und Widder sah; als er die Hunde sah, lachte er schallend. Dann fragte er:

„Na, Dede? Was ist denn nun mit meinen Flöhen?"

„Ach Gott, Karçar, mein Junge, der Floh, von dem du sprachst, ist für den Menschen gerade so gefährlich wie die Stechfliege. Er ist ein böses Raubtier. Ich habe sie wirklich alle auf einem Haufen. Nun komm und nimm dir die dicken, aber laß die dünnen springen."

Er nahm den Wilden Karçar mit zu einer Stelle mit vielen Flöhen. Da zog er den Wilden Karçar splitterfasernackt aus und zerrte ihn auf eine Weide. Die Flöhe stürzten sich in Scharen auf den Wilden Karçar. Als der sah, daß er ihrer nicht Herr wurde, schrie er:

„Hilf mir, Dede! Sei mir gnädig! Mach um Himmels willen das Tor auf! Ich will hier raus!"

Dedem Korkut trieb seinen Spott mit ihm:

„Aber Karçar, mein Junge! Was machst du denn da für einen Aufstand! Ich habe dir doch alles gebracht! Das war es doch, was du haben wolltest. Was ist denn nun los, daß du so von Sinnen bist? Nimm doch die dicken, laß die dünnen springen!"

„Nicht doch, Dede, Herr! Soll Gott nur alle beide nehmen, die dicken wie die dünnen! Aber mach mir sofort das Tor auf, daß ich hier raus kann! Hab Erbarmen und steh mir bei!" rief der Wilde Karçar.

Dedem Korkut öffnete das Tor, und der Wilde Karçar kam heraus. Dedem Korkut sah, daß er dem Tode nahe war und um sein Leben bangte; sein Körper war vor lauter Flöhen gar nicht zu sehen, Gesicht und Augen waren nicht zu erkennen. Der Wilde Karçar fiel Dedem Korkut zu Füßen:

„Um Himmels willen, rette mich!"

„Geh, mein Junge, stürze dich ins Wasser!"

Der Wilde Karçar rannte los und stürzte sich ins Wasser. Als das Wasser die Flöhe berührte, hüpften sie davon. Karçar kam zurück, zog sich an und ging nach Hause.

Es ist Dedem Korkut, der, wie etwa in der Geschichte von „Boğaç Chan", den vorbildlichen Helden einen Namen gibt. Er ist es, der in „Tepegöz" einen Tribut aushandelt. Und er ist es auch, der in der Geschichte von „Bamsı Beyrek" den Wilden Karçar in die Knie zwingt. Dedem Korkut wird auch als heilig verehrt, und zwar, so meint man, weil er die Kopuz erfunden habe, das zweisaitige türkische Musikinstrument. Vor der Kopuz bleibt sogar die Hand, die zum tödlichen Schwerthieb ausholt, in der Luft stehen. In einer Geschichte kommt der Ausspruch vor: „Ho, du Barbar, ich schlage nicht auf Dedem Korkuts unnahbare Kopuz ein! Hättest du keine Kopuz in der Hand, so würde ich dich zweiteilen!" So hat Dedem Korkut also etwas an sich, für das man ihn als heilig verehrt.

Dedem Korkut war ein Barde, der Preis- und Heldenlieder schuf; die Geschichten, die im Volk entstanden, erzählte er, singend und begleitet von seiner Kopuz, nach. Was er erzählte, ist uns Heutigen aufs lebendigste überliefert. Auch heute noch haben seine flüssige, einfache Sprache und seine wunderbare Erzählkunst ihre Wirkung behalten.

Boğaç Chan

Eines schönen Tages, da war Bayındır Chan dahergekommen, der Sohn des Kam Gan, und hatte sein Sonnendach aufstellen lassen, das aus feiner Damaszener-Seide gewirkt war. Die Zierfransen daran glitzerten und glänzten hell. Dort, wo sich Bayındır Chan niederließ, hatte man Tausende kleiner Seidenteppiche ausgebreitet.

Bayındır Chan, der Chan der Chane, pflegte einmal im Jahr ein Fest zu geben, zu dem er die Edlen des Oghusenlandes zu Gast empfing. Auch diesmal gab er wieder ein Fest; und dazu hatte er Hengste von Pferden und Kamelen sowie Widder schlachten lassen. Sodann hatte er drei Wohnzelte aufstellen lassen; ein weißes, ein rotes und ein schwarzes. Und endlich hatte er einen Befehl ausgegeben:

„Wer weder Sohn noch Tochter hat, den laßt in dem schwarzen Zelt wohnen, breitet unter ihm einen schwarzen Teppich hin und setzt ihm ein Gericht von schwarzem Lamm vor. Ißt er's, so mag er's halt essen; ißt er's nicht, so soll er aufstehen und gehen!" Und: „Wer Söhne hat, den beherbergt im weißen, wer Töchter hat, im roten Zelt. Wer aber weder Sohn noch Tochter hat, den hat Gott verflucht; und auch wir verfluchen ihn, das sei allen kundgetan!"

Nach und nach kamen denn auch die Edlen der Oghusen alle bei ihm zusammen. Nun war da aber ein Recke — Dirse Chan nannte man ihn —, dieser Edle hatte weder

Sohn noch Tochter. Als er von dem Befehl erfuhr, war er tief getroffen. Und hört, was er nun sang:

„Wenn früh durchs Feld die kalten Winde fegen,
Spitzhaub'ge Lerchen Liedchen flöten,
Spitzbärt'ger Priester ruft zum Beten,
Ein Pferd trabt froh dem Herrn entgegen,
Scheidet dann der helle Tag sich von der Nacht,
Wenn Sonnenlicht die mächt'gen Berge sanft
berührt,
Dann tritt Recke gegen Recke an zur Schlacht."

Dirse Chan stand in aller Herrgottsfrühe auf, scharte seine vierzig Recken um sich und begab sich zum Festmahl des Bayındır Chan. Die Recken des Bayındır Chan empfingen ihn und führten ihn zum schwarzen Zelt. Unter ihm breiteten sie einen schwarzen Teppich hin; dann setzten sie ihm ein Fleischgericht von schwarzem Lamm vor.

„Bayındır Chan befahl es so, Herr!" sagten sie zu ihm.

Da entgegnete Dirse Chan:

„Welch einen Makel will Bayındır Chan denn an mir gefunden haben? Etwa bei meinem Schwert? Oder vielleicht bei meiner häuslichen Tafel? Menschen geringeren Standes als ich ließ er im weißen und im roten Zelt wohnen; was ist denn mein Vergehen, daß er mich im schwarzen Zelt wohnen läßt?"

Sie erwiderten:

„Herr, an diesem Tag lautete der Befehl des Bayındır Chan: ,Wer weder Sohn noch Tochter hat, den hat Gott verflucht, und auch wir verfluchen ihn.'"

Da erhob sich Dirse Chan von seinem Platz; und er rief seinen Recken zu:

„Auf, meine Recken, steht auf! Dies ist eine unerhörte Schmach! Schmach mir! Schmach auch meinem Weibe!"

Sie sprangen auf ihre Pferde und ritten eilends davon. Als Dirse Chan sein Haus erreichte, rief er sein Weib zu sich. Und hört, ihr Herrn, was er nun sprach:

„Komm her zu mir, du meiner Seele Zierde, du
meines Hauses Würde,
Mit dem zypressenschlanken Wuchs, den du beim
Gehen zeigst,
Mit deinen schwarzen Haar'n, die deine Fersen noch
umwogen,
Mit deinen dichten Brauen, rund wie ein gespannter
Bogen,
Mit deinem feinen Mund, der selbst zwei Mandeln
Platz nicht gibt,
Mit deinen Wangen, rot wie Äpfel, die im Herbst
man liebt,
mein Weib, mein hehrer Schatz, du Stütze meines
Hauses!"

Und dann berichtete er seinem Weib, was sich zugetragen hatte: „Willst du wissen, was geschehen ist? Der Chan Bayındır ist gekommen und hat ein weißes, ein rotes und ein schwarzes Zelt aufstellen lassen. Dazu hat er gesagt: ,Die Väter von Söhnen beherbergt im weißen, die Väter von Töchtern im roten Zelt; wer aber weder Sohn noch Tochter hat, den beherbergt im schwarzen Zelt. Breitet unter ihm einen schwarzen Teppich aus, setzt ihm ein Gericht von schwarzem Lamm vor. Ißt er's, so mag er's halt essen; ißt er's nicht, so soll er aufstehen und gehen! Wenn einer weder Sohn noch Tochter hat, dann hat ihn Gott verflucht, und auch wir verfluchen ihn!' Als ich dort erschienen bin, sind sie gekommen und haben mich empfangen; dann haben sie mich im schwarzen Zelt lagern lassen, unter mir einen schwarzen Teppich ausgebreitet und mir ein Gericht von schwarzem Lamm vorgesetzt. Sie haben gesagt: ‚Wer weder Sohn noch Tochter hat, den hat Gott verflucht; und auch wir verfluchen ihn, das sei allen kundgetan!' Sag mir, Chanenfrau, ist das deinetwegen geschehen? Oder ist es meinetwegen? Gott schenkt uns keinen kräftigen Sohn! Warum denn nur?" Daraufhin sagte er einen Spruch her:

„Chanentochter! Sag mir, kann ich das ertragen?
Soll ich dich packen, schütteln, dich befragen?
Soll meine schwere Ferse dich zerdrücken?
Soll ich mein stählern blankes Schwert wohl zücken?
Soll ich dein Haupt von seinem Rumpf abschlagen?
Soll um dein kostbar Leben ich dich bringen?
Soll ich die Erd' mit deinem Blute düngen?

Chanenmaid! Den Grund! Den sage mir!
Sonst schaff' Leid ich, Sorg' und Klage dir!"

So rief Dirse Chan voll Zorn vor seinem zarten, wunderschönen Weibe aus. Doch nun hört, was Dirse Chans Gemahlin darauf erwiderte:

„Dirse Chan! Dirse Chan! Meines Herrn Vaters Schwiegersohn, meiner Frau Mutter Beschützer! Schaff mir kein Leid! Sei nicht böse und sag nicht so etwas

Schlimmes! Steh lieber auf und laß dein buntes Zelt aufstellen. Laß Hengste von Pferden und Kamelen und Widder schlachten. Dann lade von nah und fern die Edlen des Oghusenlandes zu dir. Sättige die Hungrigen, kleide die Bedürftigen, befreie die Schuldner von ihren Schulden und die Leidenden von ihren Leiden. Laß Berge von Fleisch anhäufen und Seen von Kumyß* melken. Gib ein großes Festmahl, wende dich mit deinem Wunsch zu Gott. Vielleicht, daß durch die Fürbitte eines Frommen Gott uns einen kräftigen Sohn schenkt!"

Dirse Chan folgte dem Rat seiner Frau; er gab ein großes Fest und wandte sich mit seinem Wunsch zu Gott. Er ließ Hengste von Pferden und Kamelen und Widder schlachten. Er sättigte die Hungrigen, kleidete die Bedürftigen, befreite die Schuldner von ihren Schulden und die Leidenden von ihren Leiden. Er ließ Berge von Fleisch aufhäufen und Seen von Kumyß melken. Dann erhoben alle die Hände und wandten sich mit ihrer Bitte zu Gott. Und durch die Fürbitte eines Frommen schenkte Gott dem Chan ein Kind. Sein Weib ward schwanger und gebar einige Zeit später einen Sohn. Sie übergaben das Knäblein den Kinderfrauen und ließen es unter deren Obhut aufwachsen.

Der Fuß des Pferdes wird geschwinder, die Zunge des Barden behender; wer Knochen hat, der wächst heran, wer Rippen hat, wird bald zum Mann. Der Sohn kam in das fünfzehnte Lebensjahr, da begab sich sein Vater zu den Kriegerscharen des Bayındır Chan.

---

* gegorene Stutenmilch – d. Ü.

Nun aber, ihr Herren, besaß Bayındır Chan einen Stier, der konnte mit einem einzigen Stoß seines Hornes einen harten Stein in tausend Stücke schlagen, und auch einen Kamelhengst; die beiden ließ man einmal im Sommer und einmal im Herbst gegeneinander kämpfen. Bayındır Chan pflegte dazu die mächtigen Edlen der Oghusen zu sich zu laden und sich mit ihnen an diesem Kampf zu ergötzen.

Eines Sommers, ihr hochverehrten Herrn, da führte man den Stier wieder einmal zum Kampfplatz. Je drei Mann hielten den Stier zu beiden Seiten an eisernen Ketten fest. So erreichten sie mit ihm die Mitte des Platzes. Derweil aber spielten dort gerade Dirse Chans Knabe und drei Laufburschen mit Knöcheln Würfel. Auf einmal ließen die Vasallen den Stier frei und riefen den Knaben zu: „Lauft weg!" Die drei anderen liefen davon. Dirse Chans Sohn aber blieb statt dessen mitten auf dem offenen Platz stehen, unverwandt, den Stier im Auge. Der stürmte auf ihn los, um ihn zu zerstückeln und zur Seite zu schleudern. Der Jüngling aber versetzte dem Stier einen gewaltigen Fausthieb auf die Stirn. Der Stier zog sich Schritt für Schritt zurück; doch dann stürmte er erneut auf den Jüngling los. Und wieder versetzte der dem Stier einen harten Faustschlag auf die Stirn. Aber diesmal nahm er die Faust nicht wieder weg, sondern hielt sie dem Stier weiter in die Stirn gedrückt; dann schob er ihn vor sich her und zum Platz hinaus. Dort rangen die beiden noch eine Zeitlang miteinander. Schließlich kam der Stier aufrecht auf die beiden Vorderbeine zu stehen, und weder der Jüngling noch der Stier gewann die Überhand. Da kam dem Jüngling in den Sinn: „Man schlägt doch unter dem Dach einen Balken ein, um es damit zu stützen. Weshalb stütze ich denn noch weiter seine Stirne ab?" Kurzentschlossen zog er die Faust von der Stirn des Stieres weg und sprang beiseite. Der Stier konnte sich auf den zwei Beinen nicht mehr halten und stürzte kopfüber zu Boden. Der Jüngling zog sein Messer und enthauptete den Stier.

Die Edlen der Oghusen kamen herbei, versammelten sich um den Jüngling und priesen ihn. „Dedem Korkut soll kommen und diesem Jüngling einen Namen geben! Er soll ihn zu seinem Vater führen und für ihn vom Vater Herrenrecht und Thron verlangen!" sagten sie.

Sie riefen Dedem Korkut herbei. Der nahm den Jüngling und ging mit ihm zu seinem Vater. Und nun hört, wie Dedem Korkut zu Dirse Chan sprach:

„Auf, Dirse Chan! Das Herrenrecht gib diesem Jüngling,
Den Thron gib ihm; er ist sehr tugendhaft!
Und ausgewachs'ne edle Pferde gib dem Jüngling,
Beritten soll'n sie sein; denn er ist sehr geschickt.
Von deinem Vieh zehntausend Schafe gibt dem Jüngling,
Gut bratbar soll'n sie sein; er ist sehr tugendhaft.
Von den Kamelen gib manch rotes diesem Jüngling,
Beladbar soll'n sie sein; denn er ist sehr geschickt.
Ein Haus, mit purem Gold geschmückt, gib diesem Jüngling,
Gar schattig soll es sein; er ist sehr tugendhaft.
Und einen Kaftan, fein verziert, gib diesem Jüngling,
Gar kleidsam soll er sein; denn er ist sehr geschickt."

Und seinem Spruch fügte er noch hinzu:

„Auf dem offenen Platz des Bayındır Chan hat dein Sohn, Dirse Chan, mit einem wütenden Stier gekämpft und ihn getötet! Sein Name soll Boğaç* sein. Den guten Namen gab ich ihm, ein langes Leben geb' ihm Gott."

Da gab Dirse Chan dem Jüngling ein Herrenrecht und einen Thron.

Der Jüngling nahm auf dem Thron Platz. Seines Vaters vierzig Recken aber beachtete er nicht, gab auch nichts auf ihren Rat. Die spürten das bald, und sie sprachen untereinander: „Kommt, laßt uns Sohn und Vater gegeneinander aufstacheln. Vielleicht, daß der Vater ihn tötet und wir bei Dirse Chan wieder an Ehre und Ansehen zunehmen."

Die vierzig Recken bildeten zwei Gruppen von je zwanzig Mann. Zuerst traten zwanzig von ihnen an Dirse Chan heran und überbrachten ihm: „Dirse Chan, weißt du, was geschehen ist? Dein nichtswürdiger Sohn ist heillos und schlimm mißraten. Mit deinen vierzig Recken ist er kreuz und quer durch das Oghusenland gezogen. Wo immer er eine Schönheit entdeckte, hat er sie sich gegriffen und ihr Gewalt angetan; weißhaarigen Greisen hat er geflucht und von weißlockigen Weibern noch die Milch geschlürft. Die Nachricht wird umgehen und sogar unsere rauschenden Flüsse überwinden und die weiten Ala-Berge übersteigen; ja, sie wird noch zu Bayındır Chan, dem Chan der Chane, gelangen. ‚Dirse Chans Sohn war das, der hat diese unerhörten Schandtaten begangen!'

---

* etwa „Wie ein Stier" – d. Ü.

werden sie sagen. Da wirst du dann lieber sterben wollen, als noch weiter zu leben. Denn Bayındır Chan wird dich rufen lassen und dir schlimme Pein zufügen. Ja, Dirse Chan, was hast du mit einem solchen Sohn noch gemein? Er hat sein Daseinsrecht verwirkt! Töte ihn, entledige dich seiner!"

Darauf Dirse Chan:

„Auf, bringt ihn her! Ich will ihn töten!"

Kaum hatte er das gesagt, ihr Herren, da kamen auch schon die anderen zwanzig dieser Schurken herbei und trugen ihm ein Gerücht zu:

„Dirse Chan! Dirse Chan! Dein Sohn hat sich aufgemacht und ist zur Jagd hinaus zu stolzen Bergeshöhen. Während du hier zugegen bist, hat er Wild erlegt und Vögel erjagt und alles zu seiner Mutter gebracht. Von deinem stärksten Rotwein hat er getrunken; mit seiner Mutter hat er gescherzt und geplaudert, seinem Vater aber nach dem Leben getrachtet! Ein blindwütiger Unhold ist dein Sohn geworden! Die Kunde davon wird über die weiten Ala-Berge hinüber bis zum Chan der Chane Bayındır gelangen. ,Dirse Chans Sohn war das, der hat diese unerhörten Schandtaten begangen!' werden sie sagen, und man wird dich rufen lassen. Im Auftrag des Bayındır Chan wird man dir schlimme Pein zufügen. Ja, Dirse Chan, was hast du mit einem solchen Sohn noch gemein? Töte ihn, entledige dich seiner!"

Darauf Dirse Chan:

„Auf, bringt ihn her! Ich will ihn töten! Mit solch einem Sohn habe ich nichts gemein!"

Da entgegneten die Recken des Dirse Chan:

„Wie sollen wir denn deinen Sohn zu dir bringen? Er hört doch nicht auf uns, noch kommt er auf unser Geheiß her. Mach du dich auf, drücke deine Recken ans Herz und nimm sie mit. Nimm auch deinen Sohn mit dir, und dann zieh zur Jagd hinaus. Erlege Wild, erjage Vögel und sieh zu, daß du dabei deinen Sohn tötest. Kannst du ihn so nicht töten, so kannst du ihn auch auf andere Weise nicht töten, dessen sei gewiß!"

> *„Wenn früh durchs Feld die kalten Winde fegen,*
> *Spitzhaub'ge Lerchen Liedchen flöten,*
> *Spitzbärt'ger Priester ruft zum Beten,*
> *Ein Pferd trabt froh dem Herrn entgegen,*
> *Scheidet dann der helle Tag sich von der Nacht,*
> *Harren Braut und Mädchen froh in Festtagstracht,*
> *Wenn Sonnenlicht die mächt'gen Berge sanft*
> *berührt,*
> *Dann tritt Recke gegen Recke an zur Schlacht."*

Am Morgen stand Dirse Chan in aller Frühe auf, nahm seinen Sohn mit sich und zog mit ihm und seinen vierzig Recken zur Jagd hinaus. Sie erlegten Wild, erjagten Vögel. Währenddessen traten einige der vierzig Schurken an den Jüngling heran und sagten:

„Dein Vater sagt: ‚Er soll mir einen Hirsch fangen, zu mir treiben und vor meinen Augen zur Strecke bringen. Ich möchte sehen, wie mein Sohn seinem Pferd die Sporen geben, wie er das Schwert schwingen und Pfeil und Bogen handhaben kann; ich möchte stolz und glücklich über ihn sein.'"

Unbekümmert und ahnungslos, wie der Jüngling war,

jagte er dem Hirsch nach, um ihn zu seinem Vater zu treiben und vor dessen Augen zu erlegen. „Mein Vater soll stolz sein auf meine Reitkunst, begeistert über meine Treffsicherheit und glücklich über meinen Schwerthieb", dachte er.

Danach aber sprachen die vierzig Schurken zum Vater:

„Dirse Chan, sieh nur, wie er dem Hirsch durch Feld und Wald nachgejagt ist und ihn dir jetzt zutreibt. Während er auf den Hirsch schießt, wird er auch dich mit einem Pfeil niederstrecken! Sieh zu, daß du deinen Sohn tötest, bevor er dich tötet!"

Da nun kam der Jüngling, dem Hirsch hinterdrein, bei seinem Vater vorüber. Dirse Chan nahm seinen starken Bogen, stellte sich in den Steigbügeln aufrecht hin, spannte den Bogen mit aller Kraft, zielte und schoß. Er traf den Jüngling genau zwischen die Schulterblätter, durchbohrte ihn und riß ihn um. Hell strömte des Jünglings Blut über Brust und Leib. Er umfaßte noch den Hals des stolzen Pferdes, dann fiel er zu Boden.

Dirse Chan ertrug es nicht, er wollte sich über den Jüngling werfen, um ihn zu bedecken. Die vierzig Schurken aber verwehrten es ihm und zwangen sein Pferd zum Wenden. Dann ritten sie davon, zurück zu ihren Häusern.

Unterdessen ließ Dirse Chans Gemahlin, da es ja ihres Knaben erste Jagd war, Hengste von Pferden und Kamelen und Widder schlachten: „Ich gebe ein Fest für die Edlen des Oghusenlandes", sagte sie sich. Sie machte sich fein, nahm ihre vierzig lieblichen Mädchen mit und ging hinaus, um Dirse Chan zu empfangen. Sie blickte zu ihm auf und sah ihm ins Gesicht. Sie ließ ihre Blicke hin- und herfliegen, doch ihr Knabe war nicht zu sehen. Tiefes Weh erfaßte ihre Brust, ihr Herz ging schnell, und in ihre schwarzen Augen schossen Tränen. Sie tat einen Schrei — und nun hört, wie sie zu Dirse Chan sprach:

„Komm her zu mir, du meiner Seele Zierde, du
meines Hauses Würde,
Des Herrn Vaters Schwiegersohn,
Der Frau Mutter Lieb' und Kron',
Den Vater mir und Mutter jung gegeben,
Zu dem die Augen ich begann zu heben,
Dem's Herz ich gab und liebt' ihn wie mein Leben!
Ach, Dirse Chan!
Verlassen hast du Haus und Herd,
Bestiegst dein stolzes schwarzmähniges Pferd,
Und zogst zur Jagd ins mächtige Gebirge fort.

Ihr zogt zu zweit; allein kehrst du zurück —
Wo ist mein Kind?
Den ich in dunkler Nacht von dir empfing,
Wo ist mein Sohn?

Reiß aus die seh'nden Augen mir, ach, Dirse Chan,
Die Angst mit ihnen!
Schneid ab die Brüste, die den Sohn gesäugt,
Den Schmerz mit ihnen!
Wie von der Schlange Biß, so ist mein Leib gebläht;
Mein Sohn allein blieb fort! Durch meine Brust ein
Brennen geht.

Manch trock'nes Bachbett hab' mit Wasser ich
betaut,
Den Derwischen manch Gottesgabe anvertraut,
Der Hungernden Hunger hab' ich gestillt,
Bedürftige hab' ich in Kleider gehüllt,
Berge von Fleisch auch schafft' ich dir her,
Kumyß ließ melken ich, viel wie das Meer —
Und endlich hab' auch ich das Mutterglück geschaut.

Was du weißt von meinem einz'gen Sohn, ach, Dirse
Chan,
Das sage mir!
Hast du hinabgestürzt ihn von des Felsens Dom,
So sag es mir!
Hast ihn hineingestoßen in den reißend Strom,
So sag es mir!
Ließ'st du von Löwen und von Tigern ihn
verschlingen,
Sag es mir!
Ließ'st du ungläubige Barbar'n ihn an sich bringen,
Sag es mir!

Ich möcht', daß mein Herr Vater mit mir spricht,
Will Krieger und 'nen Kriegsschatz von Gewicht,
Mit den Barbaren halten Strafgericht!
Eh' nicht mein Leib in tausend Stücke fliegt,
Mein Blut auf den Gewändern nicht versiegt,
Eh' Arm und Bein nicht auf der Erde liegt,
Kehr' ich ohn' meinen Sohn nach Hause nicht!

Was du weißt von meinem einz'gen Sohn, ach, Dirse Chan,
Das sage mir!
Trauernd geb' ich heut' mein Haupt zum Opfer dir."

So sprach weinend Dirse Chans Weib. Dirse Chan aber bewegte die Lippen nicht. Die vierzig Schurken dagegen redeten der Gemahlin beschwichtigend zu:

„Dein Sohn ist gesund und wohlauf; er ist noch bei der Jagd und kommt sicherlich heute oder morgen zurück. Du brauchst dich nicht zu ängstigen und auch nicht zu sorgen; unser Herr ist betrunken, darum spricht er nicht", sagten sie.

Aber Dirse Chans Gemahlin machte sich keine Hoffnung; sie zog sich zurück. Sie ertrug es nicht ohne ihren Sohn. So holte sie ihre vierzig Mädchen zu sich, bestieg ihr stolzes Pferd und machte sich auf die Suche nach ihrem Sohn. So gelangte sie zum Kazılık-Berg; auf ihm schmolz der Schnee im Sommer so wenig wie im Winter. Von dessen Fuße aus trieb sie ihr Pferd hastig hinauf in luftige Höhen. Dort blickte sie umher; und da sah sie einige Raben und Krähen, die immer wieder in ein Tal hinabstießen, aber gleich darauf wieder aufflatterten. Sie gab ihrem Pferd die Sporen, um dorthin zu reiten.

Dort unten war der Jüngling hingestürzt und liegengeblieben. Die Raben und Krähen, die das Blut erspähten, wollten sich auf ihn setzen. Aber die zwei Hündchen des Jünglings vertrieben sie immer wieder.

Als der Jüngling so zusammengebrochen dalag, da war ihm plötzlich der Hızır auf einem grauen Pferd erschienen. Er hatte ihm dreimal über die Wunde gestrichen und gesagt: „Fürchte dich nicht, mein Sohn! An dieser Wunde wirst du nicht sterben. Bergblumen und die Milch deiner Mutter werden dich heilen." Dann war er verschwunden.

Und nun kam die Mutter eilends herbeigeritten. Sie sah ihren Sohn daliegen, besudelt von rotem Blut. Sie tat einen Schrei — und nun hört, wie sie mit ihm sprach:

„Vom Schlaf sind deine schwarzen Augen ganz
umfangen;
Öffne sie, mein Sohn!
Und deine Glieder sind zerfallen und vergangen;
Sammle sie, mein Sohn!
Das Gott dir gab, dein kostbar Leben, will hinaus
gelangen;
Halt es fest, mein Sohn!

Ist denn in deinem Leib noch Leben, Sohn,
So sag es mir!
Mein Haupt, mein Leben geb' zum Opfer,
Mein Sohn, ich dir!

Und du, Kazılık-Berg, weh!
Deine munter fließenden Quell'n, sie soll'n
versiegen!

Du, Kazılık-Berg, weh!
Deine üppig sprießenden Gräser soll'n verdorren!
Du, Kazılık-Berg, weh!
Deine lustig springenden Hirsche soll'n erstarren und
versteinern!

Was werd' ich hören, Sohn? War's eines Löwen
Prankenschlag?

*Vielleicht ein Tiger lauernd lag? Was werd' ich
                                              hören, Sohn?
Von wem kam dieser böse Schicksalsschlag?*

*Ist denn in deinem Leib noch Leben, Sohn,
Verkünd es mir!
Mein Haupt, mein Leben geb' zum Opfer,
Mein Sohn, ich dir!*

Ein einzig Wort von deinen Lippen schenke mir!"

Und als sie so sprach, rührte der Mutter Stimme an des Jünglings Ohr. Er hob den Kopf, öffnete die Augen und sah seine Mutter an. Und auch er sprach; so hört nur, wie er zu ihr sprach:

*„Komm her zu mir, an deren Brust ich sog, Frau
                                              Mutter,
Mit deinen weißen Locken du, mein Leben, Mutter!*

*Fluche nicht den fließenden Quellen,
Den Kazılık-Berg trifft keine Sünde.
Fluche nicht den sprießenden Gräsern,
Den Kazılık-Berg trifft keine Schuld.
Fluche nicht den springenden Hirschen,
Den Kazılık-Berg trifft keine Sünde.
Fluche weder Leu noch Tiger,
Den Kazılık-Berg trifft keine Schuld.
Fluchst du denn, so fluch dem Vater;
Vater treffen Sünd' und Schuld!"*

Und er wandte die blutüberströmten Augen seiner Mutter zu:

„Weine nicht, Mutter! An dieser Wunde werde ich nicht sterben. Fürchte dich nicht! Der Hızır kam zu mir; er hat mir dreimal über die Wunde gestrichen und gesagt: ‚An dieser Wunde wirst du nicht sterben. Bergblumen und die Milch deiner Mutter werden dich heilen.'"

Als er das sagte, verstreuten sich die vierzig Mädchen über alle Bergwiesen, die von gelben Blumen übersät waren, und sammelten diese. Die Mutter indessen preßte einmal ihre Brüste; es kam aber keine Milch. Sie preßte ein zweites Mal, doch wieder kam keine Milch. Beim dritten Mal tat sie sich Gewalt an und preßte mit aller Kraft; und da kam die Milch, vermischt mit Blut. Die Milch rührten die Mädchen mit den Bergblumen zu einer Salbe an; die gaben sie auf die Wunde des Jünglings. Dann hoben sie ihn auf das Pferd und brachten ihn nach Hause. Dort übergaben sie ihn den Ärzten; Dirse Chan aber verheimlichten sie, was geschehen war.

Der Fuß des Pferdes wird geschwinder, die Zunge des Barden behender. Nun, ihr Herren, des Jünglings Wunde war nach vierzig Tagen geheilt. So konnte er wieder sein Pferd besteigen, sein Schwert umgürten, Wild erlegen und Vögel erjagen. Doch von all dem wußte Dirse Chan nichts; er glaubte weiterhin, sein Sohn sei tot.

Aber den vierzig Schurken kam es zu Ohren, und sie besprachen sich, was sie tun sollten. „Wenn Dirse Chan seinen Sohn erblickt, wird er nicht ruhen, bis er uns alle getötet hat!" sagten sie. „Kommt, wir greifen uns Dirse Chan, fesseln ihn auf dem Rücken, binden ihm einen Strick um den Hals und flüchten mit ihm zu den Barbaren!" Gesagt, getan. Sie griffen sich Dirse Chan, fesselten ihn auf dem Rücken, banden ihm einen Strick um den Hals und prügelten auf ihn ein, bis das Blut ihm aus dem Fleisch hervorquoll. Sie selbst benutzten Pferde, ließen Dirse Chan aber zu Fuß mitlaufen. So flüchteten sie und machten sich auf zu den blutrünstigen Wilden. So verschwand Dirse Chan als Kriegsgefangener, ohne daß die Edlen der Oghusen davon erfuhren.

Aber sieh da, ihr hochverehrten Herren, Dirse Chans Gemahlin erfuhr davon. Sie begab sich zu ihrem Sohn. Und hört, was sie sagte:

"Wehe, Sohn! Vernimm, was da geschah so unerhört! Steile Felsen wankten nicht, doch spaltet' sich die Erd'..."

Und sie fuhr fort und berichtete, was sich zugetragen hatte:

„Es ist ja kein Feind im Oghusenland; und doch hat ein Feind deinen Vater überwältigt. Die vierzig Schurken, nur mit dem Mund deines Vaters Gefährten, haben ihn ergriffen, ihn auf dem Rücken gefesselt und ihm einen Strick um den Hals gebunden. Dann haben sie sich zu Pferd davongemacht, deinen Vater aber haben sie zu Fuß mitlaufen lassen. Und jetzt sind sie auf der Flucht zu den blutrünstigen Barbaren. Sohn, mein Sohn! Steh auf von deinem Platz, hole deine vierzig Recken zu dir und befreie deinen Vater von den vierzig Schurken! Schnell, mein Sohn! Wenn dein Vater dich auch umbrachte, so bring du dennoch nicht deinen Vater um!"

Der Jüngling schlug die Bitte der Mutter nicht ab. Boğaç Chan erhob sich von seinem Platz, gürtete sein

stählernes Schwert und nahm seinen starken Bogen mit
der weißen Sehne zur Hand und die goldene Lanze in den
Arm. Dann ließ er sich sein stolzes Pferd halten und
sprang mit einem Satz darauf. Er holte seine vierzig
Recken zu sich, und dann galoppierten sie davon, dem
Vater hinterher.

Die Schurken hatten unterwegs ein Lager aufgeschlagen und tranken gerade vom allerstärksten Rotwein, als
sie Boğaç Chan hereneilen sahen. Da sagten sie:
„Kommt, wir gehen hin, greifen uns den Recken auch
noch, und dann bringen wir beide zusammen zu den Barbaren!"

Dirse Chan hörte das, und er sagte:

„Ihr vierzig Gefährten, erbarmt euch mein! Gott der
Herr ist all und ein! Löst mir die Handfesseln und gebt
mir meine langhalsige Kopuz. Ich sorge dafür, daß der
Recke umkehrt. Ihr mögt mich danach töten oder mich
leben lassen; nur befreit mich jetzt von den Fesseln!"

Sie lösten Dirse Chan die Handfesseln und gaben ihm
seine langhalsige Kopuz. Dirse Chan wußte nicht, daß
der Recke sein Sohn war. So hört nun, wie er zu ihm
sprach:

„Geh'n schöne, stolze Pferde fort, so geh'n sie mir
verlor'n;
Doch wenn von dir etwas zum Reiten ist darunter,
Recke,
Sag es mir!
Ohne Schlacht und Kampf hol' ich dir's her;
Doch dann kehr um!

Geh'n viele tausend Schafe fort, so geh'n sie mir
verlor'n;
Doch wenn von dir etwas zum Braten ist darunter,
Recke,
Sag es mir!
Ohne Schlacht und Kampf hol' ich dir's her;
Doch dann kehr um!

Geh'n rötliche Kamele fort, so geh'n sie mir verlor'n;
Doch ist von dir etwas zum Lastentragen drunter,
Recke,
Sag es mir!
Ohne Schlacht und Kampf hol' ich dir's her;
Doch dann kehr um!

Geh'n goldgeschmückte Zelte fort, so geh'n sie mir
verlor'n;
Doch wenn von dir ein Raum zum Wohnen ist
darunter, Recke,
Sag es mir!
Ohne Schlacht und Kampf hol' ich ihn her;
Doch dann kehr um!

Geh'n hübsche, junge Bräute fort, so geh'n sie mir
verlor'n;
Doch wenn von dir die Jungverlobte ist darunter,
Recke,
Sag es mir!
Ohne Schlacht und Kampf hol' ich sie her;
Doch dann kehr um!

Geh'n weißhaarige Alte fort, so geh'n sie mir
                                            verlor'n;
Doch wenn von dir der greise Vater ist darunter,
                                            Recke,
Sag es mir!
Ohne Schlacht und Kampf hol' ich ihn her;
Doch dann kehr um!

Kamst du um meinetwillen her, so wisse: Ich tötete
                            mein Söhnchen schon;
Drum, Recke, tät's mir leid um deinen Tod."

Da aber antwortete der Jüngling; und hört, was er sagte:

„Die schönen, stolzen Pferde, sie geh'n dir verlor'n;
Doch ist von mir etwas zum Reiten auch darunter,
Und den Schurken lass' ich nichts!

Die rötlichen Kamele, sie geh'n dir verlor'n;
Doch ist von mir etwas zum Lastentragen drunter,
Und den Schurken lass' ich nichts!

Die vielen tausend Schafe, sie geh'n dir verlor'n;
Doch ist von mir etwas zum Braten auch darunter,
Und den Schurken lass' ich nichts!

Die hübschen, jungen Bräute, sie geh'n dir verlor'n;
Doch ist von mir die Jungverlobte auch darunter,
Und den Schurken lass' ich nichts!

Die goldgeschmückten Zelte, sie geh'n dir verlor'n;
Doch ist von mir ein Raum zum Wohnen auch
darunter,
Und den Schurken lass' ich nichts!

Die weißhaarigen Alten, sie geh'n dir verlor'n;
Doch ist mein geistverwirrter Vater auch darunter,
Und den Schurken lass' ich nichts!"

Nach diesen Worten gab Boğaç Chan seinen vierzig Recken ein Zeichen, indem er sein Turbantuch schwenkte. Die vierzig Recken ließen ihre stolzen Pferde tänzeln und sammelten sich im Kreis um Boğaç Chan. Boğaç Chan gab dem Pferd die Sporen und stürzte sich in den Kampf mit den Schurken, und seine vierzig Recken taten ihm nach. Einigen Schurken schlug er den Kopf ab, andere nahm er gefangen. Dann befreite er seinen Vater. Und er kehrte mit ihm nach Hause zurück. Dirse Chan aber erkannte nun, daß sein Sohn gesund und wohlauf war. Der Chan der Chane, Bayındır Chan, gab dem Jüngling das Herrenrecht und einen Thron. Dedem Korkut aber ersann davon ein Preis- und Heldenlied, dann ließ er eine Heldendichtung daraus werden; und am Schluß sang er wieder:

„So sind auch sie von dieser Welt nun fort,
Den Wanderern gleich; zu 'nem fremden Ort,
Den uns der Tod verhüllt, dahin sie geh'n,
Die sterbliche Welt aber bleibet besteh'n.

Verderblich vergängliche Welt,
Ganz und gar sterbliche Welt . . ."

Und auch zu Gott flehte er:

"Möge der dunkle Tod ihm Ruhe schenken;
Möge der Herr mit Maß und klug sein Glück vermehren;
Mög' der erhab'ne Gott, den ich gepriesen, wie ein Freund ihm helfen!

Die dunklen Berge deiner Heimat soll'n bestehen bleiben!
Den großen Baum, den schattenspendenden, soll niemand fällen!
Dein lieblich plätschernder Quell soll nie versiegen!
Deine Flügel soll dir niemand stutzen!
Dein edles Pferd, es soll im Lauf nicht straucheln!
Im Kampfe soll dein stählern Schwert nicht schartig werden!
Und deine schmucke Lanze soll beim Stechen nicht zerfallen!
Wo deine weißhaarige Mutter ist, da sei der Garten Eden!
Wo dein weißbärt'ger Vater ist, da sei der Garten Eden!
Die Gott entzündet', deine Leuchte, sie soll allzeit brennen!
Gott geb', daß du nie Schurken mußt um Hilfe bitten!"

Der Wilde Dumrul

Einst lebte im Lande der Türken ein Recke mit Namen Wilder Dumrul. Der ließ über einem trockenen Flußbett eine Brücke errichten. Von denen, die über die Brücke gingen, nahm er dreißig Silberpfennig; die die Brücke nicht benutzten, verprügelte er und nahm von ihnen vierzig Silberpfennig. Es mochte sein, wer es wollte, jeder mußte über die Brücke gehen.

Ganz unverhohlen forderte er jeden heraus und rief: „He! He! Gibt es einen Recken, wilder als ich oder stärker als ich? Wenn es ihn gibt, soll er herauskommen und mit mir kämpfen!" Um sich zu schlagen, tat er denen, die vorüberkamen, Gewalt an. Er wollte, daß er die allerstärksten Recken besiegte und sein Ruhm sich bis nach Byzanz und Damaskus verbreitete. Auf diesem Erdenrund gibt es keinen Heldenhafteren, keinen Stärkeren als ihn, sollte man sagen.

Eines Tages stand drüben am Berghang ein Zelt. Darin lag ein edler Recke krank darnieder. Und es erging ein Befehl von Gott, und der Recke starb. „Bruder!", „Sohn!" — so weinten die Zeltinsassen miteinander. Der Wilde Dumrul, der das Weinen vernahm, schwang sich auf sein Pferd und ritt eilends zu ihnen.

„Oho, ihr Männer! Was ist das für ein Rufen und Schreien neben meiner Brücke? Warum weint und klagt ihr?"

„Mein Herr, ein edler Recke ist uns verstorben, deshalb weinen wir", sagte einer.

Zornig fragte der Wilde Dumrul:

„Oho, wer hat euren Recken getötet?"

„Bei Gott, es hat ihn niemand getötet, Herr; es erging ein Befehl vom erhabenen Gott, da kam der Engel Azrail mit seinen roten Flügeln und nahm die Seele des edlen Recken mit sich fort."

In jenen Zeiten nannte man furchtlose Helden, die ihre Augen nicht einmal vor Holzspießen verschonten, „wild". Die Wildheit Dumruls kam von seinem Heldenmut. Wenn ein Held wie er zugegen war, wie sollte je der Engel Azrail gerade dort eine Menschenseele mit sich nehmen? Wäre es eines Helden würdig, ohne Kampf und Streit jemandes Seele fortnehmen zu lassen? So fragte er denn wiederum voller Zorn:

„Oho, was ist das denn für eine Person, die ihr Azrail nennt, daß sie einfach eines Mannes Seele mit sich fortnimmt und euch in Trauer zurückläßt?"

Sogleich reckte der Wilde Dumrul die Hände zum Himmel empor und rief laut zu Gott:

„He, du großer Gott! So wahr du einzig und wirklich bist, laß mich diesen Azrail einmal sehen! Ich will mich mit ihm schlagen und mit ihm kämpfen, um jenes stolzen Recken Seele zu erretten. Ich will diesem Lump von Azrail eine solche Lektion erteilen, daß er hoch und heilig gelobt, nie wieder solch edler Recken Seele mit sich zu nehmen!"

Der Wilde Dumrul entfernte sich wieder von ihnen und ritt nach Hause. Was Dumrul gesagt hatte, mißfiel

Gott sehr, und er sprach: „Junge, Junge! Da seh' sich einer mal diesen tollen Saukerl dort an! Von meiner Einzigkeit will er nichts wissen, sie flößt ihm keine Demut ein! Soll er nur weiter so durch meine Welt ziehen und sagen, einen Heldenmütigeren als ihn gebe es nicht; soll er sich nur weiter so vor Azrail als Held aufspielen!"

Von diesem Gedanken gefangen, rief er Azrail zu: „Ach ja, Azrail! Geh mal hin und zeig dich dem tollen Saukerl da. Laß sein Gesicht erbleichen, laß seine kostbare Seele in Todesnot röcheln und nimm sie mit dir fort! Nicht noch einmal soll er sich vor irgend jemand, der vor ihm erscheint, als Held aufspielen!"

Der Wilde Dumrul war mit seinen Recken in seinem Gemach versammelt; und sie saßen da und aßen gerade und tranken, da erschien ihnen plötzlich Azrail. Weder der Nachtwächter noch der Türhüter hatten sein Kommen bemerkt. Kaum daß der Wilde Dumrul Azrail ins Gesicht sah, da erblindeten seine scharfblickenden Augen, und seinen starken Händen schwanden die Kräfte. Allen in der Runde ward es schwarz vor Augen. Der Wilde Dumrul wußte nicht so recht, was er tun sollte; es kam ihm eine traurige Weise in den Sinn, und er sagte Azrail einen Spruch her:

„Oho, was für ein furchterregend Ding bist du!
Die Türhüter, sie sah'n dich nicht, noch hörten dich
die Nachtwächter.
Mein scharfes Auge ganz erblindet,
Der starken Hand die Kraft entschwindet.
Ein Zittern ist in meinem Herz, ein Zagen,

*Es hat mir gar den gold'nen Becher aus der Hand
                                       geschlagen.
In meinem Mund ward es wie Eis so kalt,
Und mein Gebein verliert wie Pulver die Gestalt.*

*Oho, du alter Mann mit deinem weißen Bärtchen!
Du alter Mann mit deinen trüben Äuglein!
Oho, was für ein Schreckensgreis bist du, das sage
                                             mir!
Sonst tu gar schlimme Dinge ich an dir!"*

Als er so redete, ward Azrail zornig, und er fuhr den Wilden Dumrul an:

*„Ho, du toller Saukerl!
Was mißfällt dir denn die Trübheit meiner Augen?
Die Seelen vieler Bräute und Mädchen mit gar schö-
       nen Augen hab' ich schon mit mir genommen!
Was mißfällt dir denn die Bleichheit meines Bartes?
Die Seelen vieler Recken mit weißen oder schwarzen
       Bärten hab' ich schon mit mir genommen!"*

Und in seinem Zorn setzte er noch hinzu:

„Ho, du toller Saukerl! Du hast doch ständig geprahlt und zu Gott gefleht mit den Worten: ‚Laß mich den Azrail mit seinen roten Flügeln einmal sehen! Ich will mich mit ihm schlagen und mit ihm kämpfen, um jenes stolzen Recken Seele zu erretten.' Ho, Wilder Dumrul, jetzt bin ich gekommen, deine Seele mit mir fortzunehmen. Sag, wirst du mir deine Seele geben oder dich lieber mit mir schlagen?"

So zornig Azrail war, so kaltblütig zeigte sich nun der Wilde Dumrul. Er fragte:

„Oho, dann bist du der Azrail mit den roten Flügeln?"

„Jawohl, der bin ich!"

„Dann nimmst also du die Seelen der edelsten Recken mit dir fort?"

„Jawohl, ich!"

Da wandte sich der Wilde Dumrul um und rief den Türhütern zu:

„Ho, Türhüter! Schließt alle Türen!"

Und er wandte sich wieder Azrail zu:

„Oho, Azrail! Ich habe dich ja überall im weiten Land gesucht, aber nun auf einem so schmalen Plätzchen in die Hand bekommen. Und genau hier will ich dich töten und die Seele jenes edlen Recken erretten!" rief er.

Der Wilde Dumrul zog sein Schwert, holte aus und hieb mit aller Kraft auf Azrail ein. Azrail aber ward auf der Stelle zu einer weißen Taube und flog durch das Fenster davon. Der Hüne Dumrul wußte gar nicht, wie ihm geschah; seine Hand mit dem Schwert hielt unversehens inne. Dann aber schlug er die Hände ineinander und schüttelte sich vor Lachen. Er glaubte, er habe Azrail Angst eingeflößt:

„Meine Recken, meine Freunde! Nun habe ich Azrail so sehr Angst eingeflößt, daß er die breite Tür mied und statt dessen lieber durchs schmale Fenster geflohen ist. Oho, werde ich ihn noch entkommen lassen, wenn er meinen Falken nicht bemerkt?"

Und der hünenhafte Dumrul erhob sich, bestieg sein Pferd und nahm seinen Falken auf die Hand. Dann jagte er Azrail hinterdrein. Er erlegte ein paar Tauben. Und wiewohl er Berg und Tal durchstreifte, stieß er nirgends auf Azrail. Doch auf dem Weg nach Hause, da erschien Azrail plötzlich dem Pferd des Wilden Dumrul. Das Pferd scheute, bäumte sich auf und warf den Wilden Dumrul ab. Dem Recken Dumrul ward es dunkel vor Augen. Azrail aber setzte sich auf seine Brust. Dumrul, der eben noch gemurrt hatte, begann nun zu röcheln. Er richtete die Augen auf Azrail; und hört, wie er zu ihm flehte:

„Oh, Azrail, erbarm dich mein!
Gott der Herr ist all und ein!

Daß du so bist wie heut', das wußt' ich nicht,
Daß du die Seel' so fortnimmst, glaubt' ich nicht.

Wo hohe Berg' und Hügel sich erheben,
In unsern Gärten Wein wächst, reich an Reben,
Der Weinberg üppig steht voll dunkler Trauben.
Aus Trauben macht man roten Wein,
Wer von ihm trinkt, wird nicht mehr bei sich sein.

Voll Wein war ich, war nicht mehr klug,
Was ich gesagt, war ohne Fug,
Des Herrentums ward ich nicht leid, des Heldentums
war nie genug;
Nimm mir nicht meine Seele, Azrail, vergib mir!"

Auf dieses Flehen hin kam laut die Antwort Azrails: „Oho, du toller Saukerl! Was flehst du mich denn so an? Wenn du schon flehen möchtest, so fleh zum erhabenen Gott. Es steht ja nichts in meiner Macht."

Weinend fragte der Wilde Dumrul:

„Ist es der erhabene Gott, der uns die Seele gibt und wieder nimmt?"

„Ja, er ist es."

Da schöpfte der Wilde Dumrul Hoffnung, und er fuhr Azrail an:

„Na sag mal, für wen hältst du dich denn, daß du dich hier einmischst? Verschwinde du, ich möchte allein mit dem erhabenen Gott sprechen!"

Der Recke Dumrul war von Begeisterung ganz hingerissen; hört, wie er zu Gott rief:

„Deine Macht die Welten lenkt,
Wie kein Mensch es je erdenkt!
Preis sei dir, mein Gott!
Unwissend sucht mancher dich am Himmel, will dich auf der Erde,
Doch du wohnst im Innern derer, die von Herzen glauben.

Immerwährender starker Gott!
Nimmerendender gnädiger Gott!
Muß meine Seele fort, nimm du sie,
Laß mich nicht dem Azrail!"

Des Wilden Dumruls inbrünstiges Flehen gefiel Gott wohl. Und sogleich rief er Azrail zu: „Da dieser tolle Saukerl den Glauben an meine Allmacht bezeugt hat, also — he, Azrail! — soll der Wilde Dumrul statt seiner eine andere Seele suchen, dann sei seiner eignen Seele vergeben!"

Azrail richtete diesen Befehl Gottes sogleich dem Wilden Dumrul aus:

„Ho, Wilder Dumrul, der erhabene Gott befahl: ‚Der Wilde Dumrul soll statt seiner eine andere Seele suchen, dann sei seiner Seele vergeben!'"

Als er das hörte, wußte der Wilde Dumrul nicht recht, was er tun sollte, und sagte zu Azrail:

„Ja, wie soll ich statt meiner eine andere Seele finden? — Ich habe einen greisen Vater und eine betagte Mutter. So komm, gehen wir zu ihnen; vielleicht daß einer von beiden seine Seele hergibt. Seine Seele nimm mit dir fort und laß mir meine."

Der Wilde Dumrul bestieg sein Pferd und ritt zu seinem Vater. Er küßte die Hand seines greisen Vaters und sagte ihm einen Spruch her; hört, was er sagte:

„Schlohweißbärt'ger, hochverehrter Vater mein,
Weißt du nicht, was sich hat zugetragen?
Böses Wort hab' ich gesprochen,
Gott war's nicht zu Wohlgefallen.
Im Himmel droben Engel Azrail gab er Befehl:
Azrail hernieder kam geflogen,
Hat sich auf meine schöne Brust herabgelassen,
Ich röchelte, und meine kostbar' Seele wollt' er
nehmen.
Vater, deine Seel' erbitte ich; willst du sie mir geben?
Oder willst um Dumrul, deinen Sohn, bald in Trauer
leben?"

Des Wilden Dumruls Vater entgegnete der Bitte des Sohnes mit folgendem Spruch:

„Sohn, Sohn, he, Sohn!
Sohn, Teil meiner Seele!
Mein Sohn, du Löwenmüt'ger, bei dessen Nieder
      kunft ich neun Kamele schlachten ließ,
Mein Sohn, du feste Hand in meinem Zelt mit
      seinen gold'nen Fenstern,
Mein Sohn, du Blüte meiner schönsten Mädchen,
      meiner Bräute!
Braucht's meinen dunklen Berg dort drüben,
Sag, er soll kommen; Azrail soll seine Alm zu eigen
      sein.

Braucht's meine frischen, kalten Quellen,
Für ihn soll'n sie zum Trinken sein.
Braucht's Stall für Stall gar flinke Pferde,
Für ihn soll'n sie zum Reiten sein.
Braucht's Schar um Schar von mir Kamele,
Für ihn soll'n sie als Lasttier sein.
Braucht's aus den Ställen weiße Hammel,
Unter der dunklen Küche soll für ihn ein Festmahl
      sein.

Braucht's gold'ne oder Silbermünzen,
Für ihn soll'n sie zum Zahlen sein.
Die Welt ist kostbar, teuer ist die Seele;
Meine Seele opfr' ich nicht, das wisse wohl!
Lieb und teuer mehr denn ich ist deine Mutter,
Mein Sohn, zu deiner Mutter geh, erbitt von ihr die
      Seele."

Da nun der Wilde Dumrul diese Antwort von seinem Vater erhalten hatte, begab er sich zu seiner Mutter. Und auch ihr sagte er einen Spruch her; so hört, wie er ihn hersagte:

„Mutter, Mutter! Liebste Mutter! Weißt du nicht,
was sich hat zugetragen?
Vom Himmel nieder Azrail, der Engel, kam
geflogen,
Hat sich auf meine schöne Brust herabgelassen;
Ich röchelte, und meine Seele wollt' er nehmen.
Vom Vater hab' die Seele ich erbeten, doch er gab sie
nicht her.
Von dir erbitt' ich nun die Seele, Mutter;
Willst du deine Seel' mir geben,
Oder willst um Dumrul, deinen Sohn, du bald in
tränenreicher Trauer leben?
Soll'n deine Fingernägel dein Gesicht verletzen,
Mutter?
Willst du wie Stroh dein schwarzes Haar vom Kopf
dir fetzen, Mutter?"

Das Leben ist kostbar. Auch die Mutter gab ihrem Sohn, dem Wilden Dumrul, die Seele nicht her. Sie sprach wie sein Vater; hört, was sie sprach:

„Sohn, Sohn! Ach, Sohn!
Mein Sohn, den ich neun Monde lang im Leib
getragen,
Mein Sohn, dem ich im neunten Monat schenkt' das
Leben,
Mein Sohn, den ich gewiegt, in Windeln hab'
geschlagen,

*Mein Sohn, dem reichlich Milch zum Säugen ich
 gegeben!
Mein Sohn, würd' man in weißem Turm in Festungs-
 haft dich zwingen,
Mein Sohn, würd' ein Barbarenvolk in seine Hand
 dich bringen,
Mein Sohn, ich käm' mit gold'nen Münzen dich
 befrei'n!
Zum Ort des Unheils hast du dich begeben; ich
 begeb' mich nicht dahin!
Die Welt ist kostbar, teuer ist die Seel', jawohl, mein
 Sohn!
Meine Seele opfr' ich nicht, das wisse wohl!"*

Da nun auch seine Mutter so gesprochen hatte, blieb ihm nichts mehr, was er hätte tun können. Und sogleich erschien Azrail, um des Wilden Dumruls Seele mit sich fortzunehmen. Da flehte der Wilde Dumrul ihn noch einmal an: „Erbarmen, Azrail, erbarm dich mein! Gott der Herr ist all und ein!" Azrail fuhr den Recken Dumrul hart an:

„Oho, du toller Saukerl, was bettelst du denn jetzt immer noch weiter um Erbarmen? Du bist zu deinem weißbärtigen Vater gegangen, der gab seine Seele nicht her; du bist zu deiner weißhaarigen Mutter gegangen, die gab ihre Seele nicht her. Von wem erhoffst du dir denn nun noch eine Seele, he?"

„Ich habe eine Gemahlin, meine Gefährtin; erlaube mir nur noch, daß ich sie sehe und mit ihr spreche", sagte der

Wilde Dumrul. „Ich möchte mit meiner Gemahlin, eines Fremden Tochter, und mit den Knaben, die ich von ihr habe, sprechen; und wenn ich ihnen gesagt habe, was ich zu sprechen habe, so sei's, nimm meine Seele mit dir!"

Und schon ritt er zu seinem Weibe davon: Bei ihr angekommen, ergriff er die zwei Knaben und küßte sie. Und dann berichtete er von den schmerzlichen Geschehnissen:

„Weißt du nicht, was sich hat zugetragen?
Vom Himmel nieder Azrail, der Engel, kam
geflogen,
Hat sich auf meine schöne Brust herabgelassen,
Und meine kostbar' Seele wollt' er nehmen.
Zum Vater ging ich, seine Seel' gab er nicht her;
Zur Mutter ging ich, ihre Seel' gab sie nicht her;
‚Die Welt ist kostbar, teuer ist die Seele', sagten sie.
Komm her zu mir, du meiner Seele Zierde, du meines
Hauses Würde,
Mit dem zypressenschlanken Wuchs, den du beim
Gehen zeigst,
Mit deinen schwarzen Haar'n, die deine Fersen noch
umwogen,
Mit deinen dichten Brauen, rund wie ein gespannter
Bogen,
Mit deinem feinen Mund, der selbst zwei Mandeln
Platz nicht gibt,
Mit deinen Wangen, rot wie Äpfel, die im Herbst
man liebt,
Mein Weib, meine Gemahlin und Gefährtin!

*Kühl und frisch soll'n meine Quellen dir zum
                    Trinken dienen.
Stall um Stall soll'n meine flinken Pferde dir zum
                    Reiten dienen.
Mein Zelt mit seinen gold'nen Fenstern soll als
                    Schattenflucht dir dienen.
Schar um Schar soll'n die Kamele dir als Lastzeug
                    dienen.
Und in den Ställen meine Schafe sollen dir zum
                    Festmahl dienen.
Auf wen dein Auge sehnend fällt,
Zu wem dein Herze liebend hält,
Sei du sein,
Laß meine beiden Knaben nicht verwaist!"*

Des Recken Dumruls Rede war noch gar nicht zum Ende gekommen, da fiel ihm sein Weib heftig ins Wort; und hört, was sie sagte:

*Was sagst du dazu? Was sprichst du da?
Du, zu dem die Augen ich noch jung begann zu
                    heben,
Dem's Herz ich gab und liebt' ihn wie mein Leben,
Mein kraftvoller Held, mein machtvoller Held,
Mit dem im Ehebett ich eng umschlungen hab'
                    gelegen!*

*Bist du nicht mehr, was soll ich tun?
Wohn' ich dort droben in den dunklen Bergen auf der
                    Alm:
Zum Grab soll sie mir werden!
Trink' ich von deinen kühlen, frischen Quell'n:*

Zu Blut und Eiter soll'n sie werden!
Bezahl' mit deinen gold'nen Münzen ich:
Zum Leichentuch soll'n sie mir werden!
Besteig' aus einem Stall ich eines deiner flinken
Pferde:
Mein Sarg soll es mir werden!
Entbrenne je nach dir zu einem Recken ich in Liebe
Und geh' und teil' das Ehebett mit ihm:
So soll der bunten Schlange Biß mich töten!
Doch jene, deine Eltern,
Was ist denn eine Menschenseele wert, daß sie sie dir
nicht hingegeben?
Die Erde sei Zeuge! Der Himmel sei Zeuge!
Unser wunderbarer Gott sei Zeuge!
Für deine Seele sei die meinige das Opfer!"

All das sprach des Wilden Dumruls Weib; sie wollte an seiner Statt sterben. Im gleichen Augenblick erschien Azrail, um die Seele mit sich fortzunehmen. Doch der Recke Dumrul brachte es nicht über sich, seine Gemahlin zu opfern; ihm schossen die Tränen in die Augen. Und nun hört, wie er zu Gott flehte:

„*Deine Macht die Welten lenkt,*
Wie kein Mensch es je erdenkt,
Wunderbarer Gott!
Unwissend sucht mancher dich am Himmel, will dich
auf der Erde,
Doch du wohnst im Innern derer, die von Herzen
glauben.
Immerwährender großer Gott!

Längs der großen Straßen
Lass' ich Armenküchen bauen um deinetwillen,
Hungrige speisen um deinetwillen
Und Bedürftige kleiden um deinetwillen.
Nimmst du sie fort, nimm unser beider Seelen gleich!
Läßt du sie frei, laß unser beider Seelen frei!
O gnadenreicher, wunderbarer Gott . . ."

Des Wilden Dumruls Flehen gefiel Gott wohl. Und so gab er Azrail den Befehl: „Nimm des Wilden Dumruls Vaters und seiner Mutter Seelen mit dir fort! Die zwei Liebenden sollen noch hundertundvierzig Jahre weiterleben!"

So lebte denn der Wilde Dumrul mit seiner Gemahlin noch hundertundvierzig Jahre lang und sah und erlebte vieles. Der Meister aller Barden, Dedem Korkut, aber widmete diese Geschichte dem Wilden Dumrul und sagte: „Nach meiner Mär soll'n große Barden singen, sie feinen, edlen Herrn zu Ohren bringen." Und er ließ die Geschichte mit einer flehentlichen Fürbitte zu Ende gehen:

„Die dunklen Berge deiner Heimat soll'n bestehen bleiben!
Den großen Baum, den schattenspendenden, soll niemand fällen!
Dein lieblich plätschernder Quell soll nie versiegen!
Bei bösen Leuten soll dich Gott vor Mangel stets bewahren!"

Tepegöz

Eines Tages, da kamen feindliche Krieger gegen die Oghusen herangezogen; und in der Nacht saßen die Oghusen ratlos da und wußten nicht, was sie tun sollten. Schließlich zogen sie sich zurück und verließen die lieblichen Gefilde, wo sie gelagert hatten. In dem Durcheinander der Wanderung auf der Flucht vor den Feinden ging des Alten Uruz' kleines Knäblein verloren, aber niemand bemerkte es. Das Knäblein fand eine Löwin; die nahm es, brachte es zu ihrem Lager und zog es dort auf.

Einige Zeit später, da kamen die Oghusen wieder in ihre alten Stammlande und lagerten dort; versammelten sich an den großen schattigen Bäumen und den lieblich plätschernden Quellen. Eines Tages kam der Pferdehirt des Oghusen-Chans aus dem Wald herbeigeeilt und überbrachte eine Nachricht:

„Mein Herr, aus dem Wald kommt ein Löwe und zieht brüllend umher. Mit seinem watschelnden Gang erinnert er an einen Menschen. Er reißt die Pferde und saugt aus ihnen Blut und Knochenmark!"

Als der Alte Uruz die Nachricht hörte, sagte er: „Mein Herr, vielleicht ist das mein kleines Knäblein, das im Durcheinander der Wanderung damals verlorenging!"

Daraufhin stiegen die Vornehmen auf ihre Pferde und ritten zum Lager der Löwin. Sie scheuchten die Löwin auf und ergriffen den Knaben. Uruz nahm den Knaben an sich und brachte ihn nach Hause. Aus Freude darüber, daß sie den Jüngling gefunden hatten, aßen, tranken und vergnügten sich alle tagelang. Aber der Jüngling blieb nicht zu Hause, wie oft sie ihn auch griffen und zurückbrachten. Immer wieder kehrte er um, zurück zum Lager der Löwin. Und als sie ihn erneut gegriffen und zurückgebracht hatten, sahen sie ein, daß sie nichts ausrichteten; daher riefen sie Dedem Korkut und fragten ihn um Rat. Dedem Korkut kam und sagte dem Jüngling:

„Mein kleiner Sohn, du bist ein Mensch; sei nicht mehr mit Tieren zusammen! Komm, steig auf ein edles Pferd und reite es wie andere edle Recken mit dir", sagte er. „Der Name deines großen Bruders ist Kıyan Selçuk, und dein Name soll Basat sein. Den guten Namen gab ich dir, ein langes Leben geb' dir Gott."

Eines schönen Tages zogen die Oghusen hinauf zu den Almen. Zu der Zeit hatte der Alte Uruz gerade einen mannhaften Hirten, den sie den Schwarzgelben Hirten nannten. Er pflegte den Oghusen auf der Wanderung vorwegzugehen.

Nun war da eine Quelle, die man ehrfurchtsvoll Großer Quell nannte; an dieser Quelle sollten sich Elfen niedergelassen haben. Als die Schafe dort in die Nähe gerieten, schraken sie auf und flohen. Der Hirt jedoch trieb wütend die Leitziege an und drang bis zur Quelle vor. Da erblickte er die Elfen und sah, wie sie vor ihm aufflogen, Flügel an Flügel dicht zusammengeschart. Der Hirt nahm seinen Umhang und warf ihn über die dichte Schar der Elfen. Und wirklich gelang es ihm, eine von ihnen einzufangen. Er ließ seiner Begierde freien Lauf und paarte sich mit ihr. All das erschreckte die Schafe, und wieder flüchteten sie. Der Hirt rannte vor die Schafe hin und hielt sie auf; da aber schlug die Elfe mit den Flügeln und flog schnell hoch. Sie rief dem Hirten zu:

„Hirt! O Hirt! Du törichter Hirt du! Wenn das Jahr vergangen ist, so komm wieder hierher. Dann wird bei mir eine Hinterlassenschaft für dich sein, die wirst du mit dir nehmen. Doch wisse, du törichter Hirte: Du hast einen schweren Fluch auf das Haupt der Oghusen geladen!"

Da befiel den Schwarzgelben Hirten große Furcht, so groß, daß er eingedenk des Schmerzes, den er der Elfe zugefügt hatte, kreidebleich wurde. — Einige Zeit später wanderten die Oghusen alle hinauf zu den Sommerweiden. Sie lagerten bei kühlen Quellen auf den grünenden Wiesen. Eines Tages kam nun der Gelbe Hirt wieder zu der Quelle, an der er die Elfe gesehen hatte. Und als er näherkam, da sah er ein rundliches Gebilde liegen, das glitzerte und glänzte hell. Und gerade in diesem Augenblick sah er die Elfe vor sich erscheinen. Die Elfe wandte sich ihm zu:

„Hirt! O Hirt! Du törichter Hirt du! Das Jahr ist nun vorüber. Komm und nimm deine Hinterlassenschaft mit dir. Nimm sie, nimm sie nur; doch wisse wohl: Du hast Fluch auf das Haupt der Oghusen geladen!"

Der Hirt zögerte, das Gebilde mit der Hand zu berühren. Er entfernte sich ein wenig, nahm seine Schleuder und schleuderte damit Steine auf das Gebilde. Dieses aber ward, sooft er es traf, von Mal zu Mal größer. Das erschreckte den Hirten. Auf der Stelle ließ er das Gebilde liegen und floh, den Schafen hinterher.

Nun war aber zur selben Zeit Bayındır Chan zusammen mit seinen Edlen ausgeritten. Ihr Weg führte sie zu der Quelle. Und dort sahen sie ein recht sonderbares Ding liegen, bei dem man weder oben noch unten erkennen konnte. Die Edlen stellten sich um das Gebilde herum, und ein Recke stieg vom Pferd und trat mit dem Fuß dagegen. Und wiederum ward es, sooft er dagegentrat, von Mal zu Mal größer. . . Einige andere Recken taten es ihm gleich; und sooft sie traten, wurde es größer und größer. Schließlich stieg auch der Alte Uruz ab und trat mit dem Fuß nach ihm. Als aber des Alten Uruz' Sporen gegen das sonderbare Ding schlugen, da spaltete es sich plötzlich, und heraus trat ein Jüngling, mit einem Rumpf wie ein Mensch, aber mit nur einem Auge ganz oben auf der Stirn. Der Alte Uruz nahm den Jüngling, schlug den Saum seines Mantels um ihn und sagte zu Bayındır Chan:

„Mein Herr, gebt den mir; ich will ihn zusammen mit meinem Sohn Basat großziehen. Sie sollen Wild erjagen, Vögel erlegen und auf den Wiesen miteinander ringen, daß sie groß und stark werden."

Bayındır Chan sagte darauf:

„Nimm ihn, er sei dein!"

So nahm denn Uruz den Tepegöz* an sich und brachte ihn nach Hause. Man stellte für ihn eine Kinderfrau an. Sie kam zu ihm und glaubte, Tepegöz sei ein Kind wie alle anderen auch. Sie machte ihre Brust frei und gab sie ihm in den Mund. Tepegöz sog einmal — da hatte er ihr schon die ganze Milch aus der Brust genommen; er sog ein zwei-

---

* „Scheitelauge" – d. Ü.

tes Mal — da nahm er ihr das Blut. Er sog ein drittes Mal — und da nahm er ihr das Leben. Man brachte noch mehrere Kinderfrauen. Doch auch sie tötete er. Da sahen sie, daß es nicht ging, und sagten: „Wir ernähren ihn von gemolkener Milch." Davon genügte ihm aber nicht einmal ein großer Kessel voll für einen Tag.

So fuhren sie fort, ihn zu ernähen, und er ward von Tag zu Tag größer. Er begann zu laufen und mit den kleinen Knaben zu spielen. Dabei aber fraß er manchen die Nase, anderen die Ohren ab. Das erfüllte das Volk mit Gram und Weh. Es war ratlos: Hier war ihr Edler Uruz, aber dort sein Tepegöz! Was sollten sie tun? So versammelten sie sich aus allen Zelten und gingen gemeinsam zu Uruz. Sie verneigten sich, und dann beklagten sich alle auf einmal unter Tränen bitter über Tepegöz.

Der Alte Uruz hörte dem Volk aufmerksam zu. Und er nahm Tepegöz, legte ihn hin, trat mit dem Fuß auf ihn und verprügelte ihn ordentlich. Er verbot ihm, hinauszugehen. Der Jüngling aber gehorchte nicht. Als er sah, daß er nichts ausrichtete, jagte Uruz den Tepegöz aus dem Haus.

Derweil hatte des Tepegöz' Elfenmutter alles verfolgt, was geschehen war. Sie drückte den umherirrenden Sohn an ihre Brust; dann streifte sie Tepegöz einen verzauberten Ring auf den Finger. Und sie gab ihm einen Zauber mit auf den Weg: „Sohn, mein Sohn! Mein liebster Sohn! Kein Pfeil soll dich verletzen, deinen Leib kein Schwert nicht ritzen!"

Tepegöz hielt sich von den Oghusen fern und zog zu einem Berg hinauf, so hoch, daß sein Gipfel stets von

Rauch verhüllt war. Von dort aus belagerte er die Wege und griff sich die Leute, die vorübergingen. So wurde er zum schreckenerregenden Wegelagerer. Man schickte gegen ihn mannhafte Krieger hinaus. Sie beschossen ihn mit Pfeilen — die drangen nicht ein; sie hieben mit Schwertern auf ihn ein — die schnitten ihm nicht ins Fleisch; und ihre Lanzen durchbohrten ihn nicht. Ob Hirten, ob Kinder, Tepegöz verschonte keinen, fraß sie alle auf. Wäre es dabei geblieben, so wäre es noch erträglich gewesen; aber er begann nun von den Oghusen auch erwachsene Leute aufzufressen. Da versammelten sich die Oghusen und traten gegen Tepegöz an. Tepegöz ward darüber furchtbar zornig; in seiner rasenden, alles vernichtenden Wut ergriff er einen gewaltigen Baum, riß ihn aus dem Boden und schleuderte ihn auf die Männer. Als der Baum bei ihnen aufschlug, verloren auf der Stelle fünfzig Mann ihr Leben.

Ihrem Anführer Kazan versetzte Tepegöz einen solchen Hieb, daß Kazan schwarz vor Augen wurde. Kazans Bruder, der Schwarze Güne, erlag Tepegöz. Der Sohn des Düzen, Recke Rüstem, starb in mutigem Kampf; sprudelnd floß sein Blut. Auch ein Recke wie der Sohn des Alten Uşun unterlag dem Tepegöz und starb. Dessen zwei Brüder brachte Tepegöz auch zur Strecke. Sogar Mamak mit seinem Eisenpanzerhemd starb durch seine Hand, und ebenso erlag der Haudegen Büğdüz Emen der Zauberkraft des Tepegöz. Auf den weißbärtigen Alten Uruz schlug Tepegöz so ein, daß dieser Blut erbrach, und Uruz' Sohn, Kıyan Selçuk, schlug er, daß diesem die Galle platzte.

Die Oghusen vermochten also gegen Tepegöz nicht das geringste auszurichten. Sie wollten daher ihre Lagerstätten verlassen und fliehen. Doch Tepegöz hinderte sie daran. Siebenmal brachen die Oghusen zur Flucht auf, doch jedesmal trat Tepegöz ihnen in den Weg. Da nun die Oghusen dem Tepegöz derart erlegen waren, wandten sie sich an Dedem Korkut. So erschien Dedem Korkut, der Meister aller Barden, denn auch bei ihnen; und als er von dem Tode Dutzender tapferer Männer erfuhr, brach es ihm schier das Herz. Die Oghusen schlugen vor, mit Tepegöz zu verhandeln und einen Tributzoll auszumachen. Sie baten Dedem Korkut, er möge diesen Vorschlag dem Tepegöz ausrichten.

Dedem Korkut war mit solcher Weisheit begabt, daß ihm nicht nur der Zauber des Tepegöz, sondern auch irgend etwas sonst nichts anhaben konnte. Er war es, der die Oghusen bisher aus jeder Notlage errettet hatte. Die Oghusen hatten es sich also wohl überlegt: Wenn überhaupt einer, dann wäre nur Dedem Korkut der Kraft des Tepegöz gewachsen. Also machte sich Dedem Korkut auf zu dem Berg, auf dem Tepegöz hauste. Auch jetzt verhüllte Rauch den Gipfel des Berges. Unterdessen harrten die Oghusen mit angehaltenem Atem der Botschaft, die ihnen Dedem Korkut bringen würde. Der aber, bei Tepegöz angelangt, entbot diesem seinen Gruß und begann zu sprechen:

„Tepegöz, mein Sohn! Die Oghusen sind dir nunmehr erlegen und wie vor den Kopf geschlagen. Sie haben mich eilends hierhergesandt, wo du dich aufhältst, denn sie möchten dir Tribut entrichten."

Daraufhin erwiderte Tepegöz:

„Gut, handeln wir einen Tributzoll aus. Gebt mir täglich sechzig Männer zum Verzehr."

Doch Dedem Korkut hielt dem entgegen:

„Dann würdest du bei den Oghusen die Männer ohne Ausnahme alle ausrotten! Wir möchten dir zwei Männer und fünfhundert Schafe geben."

„Es ist gut so und mir genehm. Es sei so; doch gebt mir außerdem zwei Männer mit, die mir mein Essen kochen; ich möcht's mir so recht munden lassen."

Dedem Korkut kehrte zu den Oghusen zurück und teilte ihnen mit, wie die Dinge standen:

„Schickt die beiden Alten, den Pelzigen und den Buschigen, zu Tepegöz! Sie werden ihm das Essen kochen. Er hat täglich zwei Männer und fünfhundert Schafe verlangt."

Die Oghusen willigten ein. Wer vier Söhne hatte, der gab einen her, so daß ihm drei blieben. Wer drei Söhne hatte, der gab einen her, so daß ihm zwei blieben. Und wer zwei Söhne hatte, der gab auch einen her, so daß ihm noch einer blieb.

Es gab da auch einen, den nannten sie Kapak Kan. Er war Vater zweier Söhne. Er hatte schon einen hergegeben, so daß ihm noch einer geblieben war. Inzwischen war es schon einmal ganz reihum gegangen, und nun kam zum zweitenmal die Reihe an ihn. Des Jünglings Mutter begann zu schreien und zu klagen. Bei jedem Schrei war es, als bräche ihr das Herz.

Zu der Zeit aber war gerade der Recke Basat, der Sohn des Alten Uruz, von einem Kriegszug heimgekehrt. Die

Frau ging hin, Basat aufzusuchen. „Basat ist von einem Raubzug zurück; wenn ich zu ihm gehe, gibt er mir vielleicht einen Gefangenen. Den lasse ich Tepegöz zukommen und errette so meinen eigenen Sohn", dachte sie.

Basat saß gerade unter dem goldverzierten Sonnendach, das er sich aufgestellt hatte, als er eine Frau nahen sah. Sie kam heran und trat zu Basat ein. Dann entbot sie ihren Gruß und setzte sich. Sie bagann zu schreien, zu klagen und zu weinen, als zerrisse es ihr das Herz. Unter Tränen sagte sie einen Spruch her:

„Der du bei den Oghusen nah und fern gar
wohlbekannt bist,
Uruz' Sohn, Basat, mein Herr! Ach, steh' mir bei!"

Basat frage die Frau:
„Oho, was erbittest du dir denn von mir, Mutter?"
Ohne mit Weinen aufzuhören, erzählte die Frau alles, was sich zugetragen hatte:
„Auf diese trügerische Welt ist eine Mannsgestalt gekommen, der ließ das Oghusenvolk nicht auf seinen Weidenplätzen lagern. Er ließ unsere stählernen Schwerter ihm nicht ein Haar krümmen. Die Speer- und Lanzenwerfer konnten ihn nicht durchbohren, nicht mit den Speeren, nicht mit den Lanzen. Die Bogenschützen mit ihren Pfeilen aus Buchenholz erlagen ihm. Der Haudegen Büğdüz ist ihm erlegen. Auf deinen weißbärtigen Vater hat er so eingeschlagen, daß der Blut erbrach. Deinen Bruder Kıyan Selçuk hat er geschlagen, daß dem die Galle platzte und er sein Leben ließ. Manche der starken Edlen der Oghusen hat er niedergeschlagen, manche umge-

bracht. Siebenmal hat er die Oghusen von ihren neuen Lagerplätzen zurück zu sich getrieben. Dann hat er Tributzoll verlangt: Jeden Tag zwei Männer und fünfhundert Schafe. Soll er doch an dem Fraß krepieren! Sie haben ihm die zwei Alten, den Pelzigen und den Buschigen, als Diener mitgegeben. Die kochen jetzt sein Fressen. Wer vier Söhne hatte, hat einen hergegeben, und drei sind ihm geblieben. Wer drei hatte, hat einen hergegeben, wer zwei hatte, auch einen. Ich hatte zwei Knaben; einen habe ich schon hergegeben, und einer ist mir geblieben. Aber es ist ganz reihumgegangen, und nun bin ich schon wieder an der Reihe; jetzt wollen sie auch den zweiten haben, Herr! Steht mir bei!"

Als Basat das hörte, füllten sich die dunklen Augen mit Tränen. Herzliche Bruderliebe erwachte in ihm. Er nahm seine Kopuz zur Hand und besang seinen Bruder; hört nur, wie er ihn besang:

"Daß der Tyrann die Zelte dein hat abgebrochen,
Die du auf freiem Feld errichtet — ist's denn möglich,
Bruder?
Daß der Tyrann aus deinen Ställen ließ sie holen,
Die schnellen Pferde dein — ist es denn möglich,
Bruder?
Daß der Tyrann aus ihren Scharen hat gestohlen
Kamele, deine schönsten — ist's denn möglich,
Bruder?
Daß der Tyrann die Schafe dein hat abgestochen,
Die für dein Festmahl du bestimmt hast — ist's denn
möglich, Bruder?

*Daß der Tyrann hat deines Bräutchen Raub
      verbrochen,
Die ich dir bracht' in deinem Auftrag — ist's denn
      möglich, Bruder?
Daß du den weißbärtigen Vater mein um seinen
   Sohn ließ'st weinen — ist's denn möglich, Bruder?
Daß du die feine alte Mutter mein ließ'st klagen —
      ist's denn möglich, Bruder?
Ach! Bruder mein, du Gipfel meines dunklen Bergs
      da drüben!
Ach! Bruder mein, du Rauschen meines Quells, der
      schäumt und plätschert!
Ach! Bruder mein, du Stärke meiner Lenden!
Ach! Bruder mein, du Leuchte meiner Augen, die
      von Finsternis umfangen!"*

„Mein Bruder ist mir genommen!" rief er immer wieder weinend und schreiend. Und er ertrug das Flehen der Frau nicht; so gab er ihr einen Gefangenen und sagte: „Geh hin und rette deinen Sohn!"

Das Weib brachte den Gefangenen hin und gab ihn anstelle ihres Sohnes weg. Zu Uruz aber ging sie mit der Freudenbotschaft: „Dein Sohn ist wiedergekommen, hast du's nicht gehört, Alter Uruz?" Den Uruz erfüllte es mit großer Freude, und er rief die mächtigen Edlen der Oghusen zusammen. Da kamen sie alle herbei, um gemeinsam Basat zu empfangen. Als Basat seinen Vater erblickte, erhob er sich, ergriff seine Hände und küßte sie. Vater und Sohn umarmten einander und erzählten sich unter Tränen alles, was geschehen war. Und die Edlen nahmen Uruz und Basat in ihre Mitte; dann brachten sie Basat zur Kammer seiner Mutter. Voll Inbrunst genoß er die Begegnung mit ihr, nach der er sich so lange gesehnt hatte. Und dann brachen alle in Tränen aus. Doch bald darauf versammelten sich die mächtigen Edlen der Oghusen erneut — diesmal, um zu essen, zu trinken und sich zu vergnügen. Der Recke Basat bekam vom vielen Essen und Trinken und den Lustbarkeiten einen rauschschweren Kopf... Und dann ließ er seine Blicke durch die Reihen der Edlen der Oghusen gehen und sagte dann:

„Ihr mächtigen Edlen, ihr hochherzigen Ältesten der Oghusen! Der Schmerz um meinen Bruder verzehrt mir das Herz. Ich möchte meinem Bruder zuliebe mich Tepegöz zum Kampfe stellen. Wie denkt ihr darüber?"

Der Edle Kazan, dessen Name bei den Oghusen in aller Munde und dessen Heldenmut über Damaskus und Byzanz hinaus bekannt war, fand sein Verlangen kindisch. Hört, wie er zu ihm sprach:

„Als schwarzer Drache schon erschien uns Tepegöz;
Am Himmelszelt, da stellt' ich ihn, doch ward ich
sein nicht Herr, Basat!
Als schwarzer Panther schon erschien uns Tepegöz;
In finstern, dunklen Bergen stellt' ich ihn, doch ward
ich sein nicht Herr, Basat!
Als wilder Löwe schon erschien uns Tepegöz;
In vielen, vielen Wäldern stellt' ich ihn, doch ward
ich sein nicht Herr, Basat!
Und wärst du auch ein Mann, ja, selbst ein Edler,
Die meine, Kazans Kraft erreichst du nicht, Basat!

Laß nicht den weißbärtigen Vater um dich weinen!
Laß nicht die weißlockige Mutter um dich klagen!"

Die Worte des Edlen Kazan beeindruckten Basat nicht. Er wandte sich dem Edlen Kazan zu und sagte:

„Aber ich muß gehen, Kazan, Herr!"

Der Edle Kazan wußte wohl, wozu Heldenmut fähig ist. Er drang nicht noch weiter in ihn.

„Du mußt es wissen, Basat. Mögest du siegreich daraus hervorgehen!" sagte er.

Während des Gesprächs zwischen dem Edlen Kazan und Basat begann der Alte Uruz zu weinen. Er sprach zu seinem Sohn:

„Mein Sohn, laß unsern Herd nicht verwaist zurück! Komm, hab Mitleid mit mir und zieh nicht gegen Tepegöz los!"

Darauf erwiderte Basat:

„Ich muß! Weißbärtiger, ehrwürdiger Vater, bring mich nicht von meinem Wege ab!"

Sprach's und zog aus seinem Köcher eine Handvoll Pfeile, steckte sie in den Gürtel, gürtete sein Schwert quer über den Leib, hängte sich den Bogen über die Schulter und schlug den Rocksaum hoch. Dann küßte er Vater und Mutter die Hand; er bat sie um Verzeihung für ungesühnte Schuld und sagte allen Lebewohl. Er stob mit seinem Pferd davon wie ein Pfeil und war im Handumdrehen aus den Augen verschwunden.

Basat gelangte bald zum Salahana-Felsen, wo sich Tepegöz befand. Er sah, wie Tepegöz sich den Rücken von der Sonne bescheinen ließ. Basat zog einen Pfeil aus dem

Gürtel. Er traf Tepegöz auf der Brust. Aber der Pfeil ging nicht hindurch, sondern zersplitterte. Er schoß ein zweites Mal. Doch auch der Pfeil zersplitterte in tausend Stücke.

Tepegöz verhielt sich so, als habe er nichts bemerkt. Er wandte sich den Alten zu, die ihm das Essen kochten, und sagte mit einer Stimme wie Donnergrollen:

„Die Mücken hier herum sind recht lästig!"

Basat schoß noch einmal einen Pfeil ab. Auch dieser zersplitterte. Ein Stück von ihm fiel Tepegöz vor die Füße. Der sprang auf und sah Basat vor sich. Er schlug die Hände zusammen und lachte schallend. Und zu den Alten gewandt sagte er:

„Von den Oghusen muß uns schon wieder ein zu früh geborenes Lämmchen geschickt worden sein. . ."

Dann jagte er Basat vor sich her, kreuz und quer. Schließlich packte er ihn am Hals und ließ ihn zappeln. Er brachte ihn zu seinem Bett und steckte ihn in seinen Stiefelschaft. Dann sagte er zu den Alten:

„Oho, ihr Alten, heute nachmittag sollt ihr mir den am Spieß braten! Ich will ihn fressen."

Dann legte sich Tepegöz nieder und schlief ein. Basat aber hatte einen Hançer*. Den zog er aus dem Gürtel, schlitzte den Schaft auf und stieg heraus. Basat fragte die Alten:

„Oho, ihr Alten, wovon kann der denn sterben?"

Darauf die Alten:

„Das wissen wir nicht. Aber außer an seinem Auge gibt es nirgendwo weiches Fleisch an ihm."

Basat näherte sich Tepegöz' Kopf vom Scheitel her und

---
* Dolch mit zwei Schneiden – d. Ü.

sah, daß an seinem Auge wirklich weiches Fleisch war. Da wandte er sich wieder den Alten zu und sagte:

„Ho, ihr Alten, legt den Spieß in den Herd und macht ihn durch und durch glühend!"

Sie legten den Spieß in den Herd, daß er glühend wurde und ganz dünn. Basat nahm den glühenden Spieß, sprach ein „Im Namen Gottes!" und drückte ihn derart in Tepegöz' Auge, daß davon nichts mehr übrigblieb. Tepegöz brüllte auf, so sehr, daß es durch Berg und Tal widerhallte.

Basat verharrte nicht; er sprang auf und verbarg sich in der Höhle unter den Schafen. Tepegöz merkte, daß Basat in der Höhle war. Er stellte seine Füße zu beiden Seiten vor den Ausgang. Dann rief er den Schafen zu:

„Ho, ihr Anführer der Herde, ihr Ziegenböcke, kommt einer nach dem anderen herbei und geht hier hindurch!"

So kam denn einer nach dem anderen und ging hindurch. Und er tastete jedem den Kopf ab.

„Nun, meine Lämmlein, mein liebster Freund, mein tumber Widder, kommt her, geht hindurch!" sagte er dann.

In diesem Augenblick erhob sich ein Widder von seinem Platz und streckte und reckte sich. Basat warf sich sofort auf ihn, hielt ihn fest und schnitt ihm die Kehle durch; dann zog er ihm das Fell ab, ließ aber Kopf und Schwanz daran. Danach kroch er in das Fell hinein. So bewegte er sich zu Tepegöz hin. Tepegöz aber merkte wohl, daß Basat da unter der Haut war. Deshalb rief er ihm zu:

„He, du tumber Widder! Du wußtest ja, wo man mich

tödlich treffen kann! Jetzt schlage ich dich aber so gegen die Höhlenwand, daß dein Schwanz sie mit Fett bepinselt!"

Basat führte den Kopf des Widders an Tepegöz' Hand heran. Tepegöz packte ihn ganz fest am Horn. Als er ihn aber hochhob, hatte er nur das Horn mit dem Fell in der Hand, während Basat schon zwischen Tepegöz' Schenkeln hinaus ins Freie sprang. Tepegöz schleuderte den Widderkopf zu Boden und fragte Basat:

„Jüngling, hast du dich etwa gerettet?"

„Mein Gott hat mich gerettet!"

Darauf Tepegöz:

„Oho, Jüngling, ich hab' einen Ring am Finger; nimm den und steck ihn dir an, daß dir weder Pfeil noch Schwert Schaden zufügen!"

Basat nahm den Ring und zog ihn über den Finger. Und wieder fragte Tepegöz:

„Jüngling, hast du den Ring genommen und dir angesteckt?"

„Ja!"

Plötzlich stürzte sich Tepegöz auf Basat und schlug mit dem Hançer nach ihm, um ihn umzubringen. Der aber sprang weg und verharrte etwas entfernt von ihm; dabei sah er, daß der Ring nun wieder unter Tepegöz' Fuß lag. Tepegöz fragte ihn: „Hast du dich etwa gerettet?"

„Mein Gott hat mich gerettet!"

„Jüngling, siehst du die Kuppel dort?"

„Ja!"

„In der Kuppel ist mein Schatz. Die Alten sollen ihn mir nicht nehmen; geh also und versiegele ihn."

Basat betrat das Innere der Kuppel. Da sah er Goldmünzen hoch aufgehäuft, und vor Verwirrung vergaß er ganz, wo er war. In diesem Augenblick hielt Tepegöz die Tür zur Kuppel zu; und er fragte Basat wieder:

„Bist du hineingegangen?"

„Ja!"

„Dann schlage ich jetzt so darauf, daß du mit dem Gewölbe zu einem einzigen Brei wirst!"

Da kam es Basat in den Sinn, das Bekenntnis zu sprechen: „Es gibt keinen Gott neben Ihm, und Mohamed ist Sein Prophet!" In dem Augenblick spaltete sich die Kuppel, und an sieben Ecken öffnete sich ein Ausgang. Aus einem davon schlüpfte Basat hinaus ins Freie. Tepegöz aber drückte die Faust in die Kuppel und rüttelte sie, daß die Kuppel völlig zu Brei wurde. Und wieder fragte er Basat:

„Jüngling, hast du dich gerettet?"

„Mein Gott hat mich gerettet!"

„Für dich gibt es wohl kein Sterben! Siehst du die Höhle da drüben?"

„Ich sehe sie!"

„In ihr sind zwei Schwerter: eines ist mit Scheide, eines ohne. Und nur dasjenige ohne Scheide schlägt mir den Kopf ab. Geh, hol's dir und schlag mir den Kopf ab!"

Basat lief hinüber zum Eingang der Höhle und sah ein Schwert ohne Scheide, das unaufhörlich auf- und niedersauste. Basat sagte sich: „Um Gottes willen, ich darf ja nicht daranrühren, sonst bleib' ich auf der Strecke." Er zog sein eigenes Schwert und hielt es in die Bahn des auf- und niedersausenden Schwertes; da wurde sein Schwert in zwei Teile zerteilt. Basat ging einen Baum holen. Auch den Baum zerteilte das Schwert in zwei Teile. Schließlich aber nahm er seinen Bogen und spannte ihn. Mit dem Pfeil traf er die Kette, an der das Schwert aufgehängt war, und zertrümmerte sie. Er steckte sein eigenes Schwert zurück in die Scheide. Das in die Erde eingegrabene Schwert aber packte er ganz fest am Griff. Dann kam er damit zu Tepegöz und stellte sich vor ihn hin:

„Oho, Tepegöz, wie geht's dir denn?"
„Oho, Jüngling, bist du denn immer noch nicht tot?"
„Mein Gott hat mich nicht getötet!"
„Für dich gibt es wohl gar kein Sterben!"

Daraufhin stieß Tepegöz einen Schrei aus; und hört, wie er dann sprach:

> *„Mein Auge, o mein Aug', mein einzig Auge!*
> *Mit dir alleine*
> *Hab' ich Oghusen schwer geschlagen und besiegt.*
> *Mein farbig Aug' du raubtest, Recke, mir!*
> *Dein kostbar Leben raube Gott nun dir!*
> *Solch schlimmen Schmerz erleid' am Auge ich,*
> *Daß keinem Recken Gott ihn jemals füge zu."*

Und Tepegöz fuhr fort zu schreien und zu sprechen:

> *„Wenn du lagerst und umherziehst, Recke, wo ist*
> *deine Wohnstatt?*
> *Wenn du in dunkler Nacht vom Wege abirrst, was ist*
> *deine Hoffnung?*
> *Wer ist der Chan, der euch das große Banner trägt?*

Wer ist der Held, der euch in Kriegszeiten
vorangeht?
Was ist der Name deines weißbärtigen Vaters?
Ein's heldenhaften Mannes Namen einem andern
zu verheimlichen ist schändlich;
Was ist dein Name, Held? So sag ihn mir!"

So hört, wie da Basat zu Tepegöz sprach:

„Wenn ich lag're und umherzieh', Gün Ortaç ist
meine Wohnstatt!
Wenn ich in dunkler Nacht vom Wege abirr', ist der
Herrgott meine Hoffnung!
Der Chan, der uns das große Banner trägt, ist Chan
Bayındır!
Der Held, der uns in Kriegszeiten vorangeht, ist
Salur Kazan, der Sohn des Ulaş!
Frügst du nach meines Vaters Namen — ein großer
Baum mag's sein!
Sprichst du von meiner Mutter Nam' — 'ne
brüllende Löwin ist's!
Fragst du nach meinem eignen Namen — der Sohn
des Uruz ist's, Basat!"

Als Tepegöz das hörte, freute er sich:
„Dann sind wir ja Brüder! So bring mich nicht um, Basat, mein Bruder!"
Basat entgegnete Tepegöz mit einem Spruch:

„Oho, du Saukerl! Durch dich mußt' mein
weißbärt'ger Vater weinen!
Durch dich mußt' meine weißhaarige Mutter klagen!

Kıyan, den Bruder mein, den hast du umgebracht!
Die liebliche Schwäg'rin mein hast du mit Witwen-
not bedacht!
Und ihre muntren Kindlein hast zu Waisen du
gemacht!
Soll ich etwa all das dir erlassen?
Daß ich mein stählern blankes Schwert nicht ziehen
mag,
Dein schlaues augbewehrtes Haupt dir nicht
abschlag',
Daß ich zur Erd' nicht fließen lass' dein Blut so rot,
Nicht sühnen lass' Kıyans, des Bruders, bittren
Tod?"

Da nun wiederum begann Tepegöz einen Spruch herzusagen:

"‚Von meinem Platz erheb' ich mich und richt' mich
auf', so sagt' ich oft,
‚Was den Oghusen ich geschworen, sei mir Schall und
Rauch', so sagt' ich oft,
‚Ob Mann, ob Säugling, alle bring' ich um zuhauf',
so sagt' ich oft,
‚Mit Menschenfleisch füll' ich mir jetzt so recht den
Bauch', so sagt' ich oft,
‚Und sollten sich die mächtigen Oghusenherrn zum
Kampfe sammeln', sagt' ich oft,
‚Dann flücht' ich auf den Salahana-Felsen mich',
so sagt' ich oft,
‚Ich schieß' mit meiner Schleuder ab 'nen schweren
Stein', so sagt' ich oft,

‚Der Stein saust mir aufs Haupt herab, dann sterbe
ich', so sagt' ich oft.
Mein farbig Aug' du raubtest, Recke, mir!
Dein kostbar Leben raube Gott nun dir!"

Doch damit nicht genug, setzte Tepegöz seinen Spruch noch fort:

„Durch mich weißbärt'ge Alte mußten heftig
weinen!
Hielt dich des weißen Bartes Fluch vielleicht zurück,
mein Auge?
Durch mich weißhaar'ge Weiblein mußten heftig
weinen!
Hielt dich die bittere Tränenflut vielleicht zurück,
mein Auge?
Von ihren Recken viele, auf den Wangen junger
Flaum, hab' ich gefressen!
Hielt dich ihr Heldenmut vielleicht zurück, mein
Auge?
Von ihren Mägdlein viele, deren Händchen fein
gesalbt, hab' ich gefressen!
Hielt dich ihr Fluch vielleicht zurück, mein Auge?
Solch schlimmen Schmerz erleid' am Auge ich.
Daß keinem Recken Gott ihn jemals füge zu.
Mein Auge, o mein Aug', mein einzig Auge!"

Das erzürnte Basat sehr. Er stand schnell auf und zwang Tepegöz wie ein Kamel in die Knie. Dann schlug er ihm mit dessen eigenem Schwert den Kopf ab, durchbohrte ihn und zog die Sehne seines Bogens hindurch.

Zug um Zug schleifte er ihn damit hinter sich her bis zum Eingang der Höhle.

Basat befahlt den beiden Alten, dem Pelzigen und dem Buschigen, als Freudenbotschafter zu seinem Zelt hinabzureiten. Die stiegen auf ihre weißgrauen Pferde und ritten davon. So erreichte die Nachricht bald das ganze Oghusenvolk; und auch zum Hause des Vaters, des Alten Uruz, ging man und überbrachte die Nachricht. „Wir verkünden euch große Freude! Dein Sohn hat Tepegöz erschlagen!" sagten sie, und Basats Mutter freute sich sehr.

Die mächtigen Edlen der Oghusen bestiegen ihre Pferde und ritten zum Salahana-Felsen. Dort holten sie das Haupt des Tepegöz in ihre Mitte. Dedem Korkut kam; er spielte Weisen voller Leidenschaft, und dazu erzählte er die Abenteuer, die die Helden zu bestehen hatten. Basat drückte er ans Herz:

„Kommst du an dunkle Berge, schenke Gott dir einen Übergang,
Kommst du an reißend Wasser, schenke Gott dir eine Furt hindurch!"

Und dann sprach er zu Basat:
„Mannhaft hast du dich erwiesen; hast deines Bruders Blut gesühnt und von den mächt'gen Edlen der Oghusen schweren Fluch genommen. Gott gebe Ruhm und Ehre dir, Basat!"

Und die Erzählung von Tepegöz schloß Dedem Korkut so ab:

„Die dunklen Berge deiner Heimat soll'n bestehen bleiben!
Den großen Baum, den schattenspendenden, soll niemand fällen!
Dein lieblich plätschernder Quell soll nie versiegen!
Bei bösen Leuten soll dich Gott vor Mangel stets bewahren..."

İÇİNDEKİLER

Almanca Bölüm
Sayfa 7

Önsöz
Sayfa 89

Dedem Korkut'un Öyküsü
Sayfa 91

Boğaç Han
Sayfa 104

Deli Dumrul
Sayfa 123

Tepegöz
Sayfa 135

Önsöz

Dedem Korkut hikâyelerinin XIV.-XV. yüzyıllarda yazıya geçirildiği sanılıyor. Ama, öncesinin çok ötelere gittiği kesindir. Bu nedenle, bu hikâyelere "destan" da denmektedir.

Özgün adı *Kitab-ı Dedem Korkut alâ lisan-ı taife-i Oğuzan* olan elyazması, Dresden Kral Kitaplığında bulunmaktadır. Von Diez, *Denkwürdigkeiten von Asien* (1815) adlı incelemesinde, bu elyazmasında bulunan "Tepegöz" hikâyesini Almancaya çevirmiş, bilim dünyası böylece Dedem Korkut hikâyelerini tanımıştır. Dresden'de bulunan yazmada, on iki *boy* (hikâye) ile bir "Başlangıç" bölümü vardır.

Hikâyelerden yedisinin yer aldığı başka bir yazmayı da İtalyan bilgini Ettore Rossi buldu ve 1950 yılında *Kitab-ı Dede Qorqut* adlı incelemesini yayımladı. Ettore Rossi'nin tıpkıbasımını verdiği yazma, Vatikan Kitaplığında bulunmaktadır.

Türkbilimi açısından çok önemli sayılan başka eski yazmalarda da Dedem Korkut'tan söz açılmakta, onun anlattığı sanılan hikâyelerden parçalar bulunmaktadır. Ayrıca, Anadolu'nun çeşitli bölgelerinde, Azerbaycan'da anlatılan birçok masal ve hikâyenin Dedem Korkut'un anlattıklarına benzediği gözden kaçmamaktadır.

Bütün bunlar, Dedem Korkut adlı bir yazarın varlığını ortaya koymakla birlikte, Türk dilinde de yetkin sanat ürünlerinin yaratılmış olduğunu kanıtlamaktadır. Bu hikâyeler bir yönüyle masal, bir yönüyle destan, bir yönüyle de tarihtir. Bütün bu özellikleriyle hikâyeler, Türklerin kültürü ve yaşayışı konusunda somut bilgiler veriyor. Ayrıca, gerilim yaratıcı bir sanat ürünü gibi ilgiyle de okunuyor. Dilindeki yalınlık ve açıklık, anlatımındaki akıcılık, bu hikâyelerin bugünlere ulaşmasını sağlamıştır. Doğa sevgisi, insanca olan her şeye verilen değer, ozanca bir duyarlık, bu hikâyelerin her satırına sinmiştir.

Ben, böylesine değer taşıyan yapıttan "Boğaç Han", "Deli Dumrul" ve "Tepegöz" hikâyelerini seçtim. Kültürümüzün kökenlerini bu sınırlı örnekler de yansıtacak niteliktedir. Elden geldiğince, hikâyelerin özgün anlatımını bozmamaya çalıştım. Ancak, çok eskimiş sözcükleri, anlatımdan düşmüş deyişleri kullanmadım.

Kültürümüzün bu başyapıtının ilgi uyandıracağını umuyorum.

Adnan Binyazar

Dedem Korkut'un Öyküsü

Muhammet zamanına yakın, Bayat boyundan Korkut Ata adında bir yiğit çıktı. Bu yiğit, Oğuzların bilginiydi. Oğuz içinde ermiş sayılırdı. Ne derse olurdu. Her şey onun yüreğine doğardı. Korkut Ata, Oğuz halkının karşılaştığı güçlükleri yenmesini bilirdi. Oğuzlar da her ne buyursa yerine getirirler, ona danışmayınca bir iş yapmazlardı. Dedem Korkut'un coşup söylediği sözler, verdiği öğütler yayılmıştır. Şöyle dermiş:

Tanrı Tanrı demeyince işler yolunca gitmez. Tanrı vermeyince kişi varsıllaşmaz. Önceden (alnına) yazılmasa, kul başına bela gelmez. Ecel vakti ermeyince kimse ölmez. Ölen, dirilmez; çıkan can geri gelmez. Bir yiğidin kara dağ yumrusunca malı olsa, yığar, toplar, ister, ama nasibinden fazlasını yiyemez. Gürleyerek sular taşsa deniz dolmaz. Büyüklük taslayanı Tanrı sevmez. Gönlünü yüce tutan kişide devlet olmaz. El oğlunu beslemekle oğul olmaz; büyüyünce geçer gider, gördüm demez. Göl, tepecik olmaz; güveyi, oğul olmaz. Kara eşeğin başına gem vursan katır olmaz. Hizmetçiye kaftan giydirsen hanım olmaz. Lapa lapa karlar yağsa yaza kalmaz, yapağılı gökçe çimen güze kalmaz. Eski pamuk, bez olmaz; eski düşman dost olmaz. Kara koç ata kıymayınca yol alınmaz, kara çelik öz kılıcı çalmayınca hasım dönmez. Kişi, malına kıymayınca adı olmaz. Kız, anadan görmeyince, öğüt etkilemez; oğul, babadan görmeyince sofra kurmaz. Oğul, babanın yetişenidir, iki gözünün biridir; iyi oğul yetişse, ocağının közüdür. Oğul da neylesin, baba ölüp mal kalmasa... Baba malından ne çıkar, başta devlet olmasa... Devletsizin kötülüğünden, Tanrı saklasın sizi, Hanım hey...

Sert yürürken, soylu ata, alçak yiğit binemez; binince, binmese yeğ! Vurunca kesebilen öz kılıcı korkaklar çalınca çalmasa yeğ! Çalabilen yiğide, ok ile kılıçtan, bir çomak yeğ! Konuğu olmayan evler yıkılsa yeğ! Atın yemediği acı otlar bitmese yeğ! İçilmeyen acı sular sızmasa yeğ! Baba adını yürütmeyen görgüsüz oğul, baba belinden inince, inmese yeğ! Ana rahmine düşünce, doğmasa yeğ! Baba adını yürütünce devletli oğul yeğ! Yalan bu söz bu dünyada olunca, olmasa yeğ! Gerçeklerin, üç otuz on yaşını doldursa yeğ! Üç otuz on yaşınız dolsun, Tanrı size kötülük getirmesin, devletiniz sonsuz olsun Hanım hey...

Gittiğinde, otlak yerleri geyik bilir, yeşermiş yerlerin çimenlerini yaban eşeği bilir. Ayrı ayrı yolların izlerini deve bilir, yedi derenin kokularını tilki bilir. Geceleyin kervan göçtüğünü çayır kuşu bilir, oğulun kimden olduğunu ana bilir. Kişinin ağırını, hafifini at bilir, ağır yüklerin ağırlığını katır bilir. Nerede sızılar varsa, çeken bilir, bilinçsiz başın ağrısını beyin bilir. Kolca kopuzu götürüp elden ele, beyden beye, ozan gezer; kişinin cömerdini, cimrisini ozan bilir. Karşınızda çalıp söyleyen ozan olsun, azıp gelen belayı Tanrı savsın, Hanım, hey...

Açıp açıp över olsam, üstümüzde Tanrı güzel! Tanrı dostu, din büyüğü Muhammet güzel! Muhammet'in sağ yanında namaz kılan Ebubekir Sıddık güzel! En son otuzuncu cüz başıdır, "Amme" güzel! Hecesince düz okunsa "Yasin" güzel! Kılıç çaldı, din açtı, erlerin eri Ali güzel! Ali'nin oğulları, Peygamber'in torunları, Kerbelâ yazısında, Yezidiler elinde şehit oldular, Hasan ile Hüseyin, iki kardeş birlikte güzel! Yazılıp düzülüp gökten indi, Tanrı bilimi Kur'an güzel! O Kur'an'ı yazdı düzdü, bilginler öğreninceye değin bekledi, bilginler bilgini Osman güzel! Çukur yerde yapılmıştır, Tanrı' nın evi Mekke güzel! O Mekke'ye sağ varsa, esen gelse, imanı bütün hacı güzel! Cuma günü okuyunca "Hutbe" güzel! Kulak verip dinleyince ümmet güzel! Minarede ezan okuyunca hoca güzel! Dizini basıp oturunca kadın güzel! Şakağından ağarsa baba güzel! Ak sütünü doyuncaya değin emzirse ana güzel! Sevgili kardeş güzel! Alaca ev yanında dikilse gerdek güzel! Uzunca çadır ipi güzel! Oğul güzel! Kimselere benzemeyen, bütün evrenleri yaratan Tanrı güzel! O övdüğüm yüce Tanrı, dost olarak yardım eriştirsin, Hanım, hey...

Dedem Korkut, kadınları da şöyle anlatırmış:
Karılar dört türlüdür. Birisi solduran soydur, bi-

risi dolduran toydur. Birisi evin dayağıdır; birisi, denildiğinden de bayağıdır.

Evin dayağı odur ki, yazıdan yabandan eve bir konuk gelse, kocası evde olmasa, o, onu yedirir içirir, ağırlar, gönderir. O kadın, Ayşe, Fatma soyundandır. Onun bebekleri (çocukları) yetişsin, ocağına bunun gibi avrat gelsin!

Geldik, o ki solduran soydur: Sabahleyin yerinden kalkar, elini yüzünü yumadan, dokuz bazlama ile bir külek yoğurt gözler. Doyuncaya değin, tıka basa yer. Sonra da, elini böğrüne vurur, şöyle der: "Bu evi yıkılası herife varalıdan beri, daha karnım doymadı, yüzüm gülmedi. Ayağım paşmak (ayakkabı), yüzüm yaşmak (yüz örtüsü) görmedi! Ah, nolaydı, bu herif öleydi de birine daha varaydım, umduğumdan iyi, uygun biri olaydı . . ."

Onun gibisinin bebekleri yetişmesin, ocağına bunun gibi avrat gelmesin!

Geldik ona ki, dolduran toydur: Dürtükleyince yerinden kalkar. Elini yüzünü yıkamadan, obanın o ucundan bu ucuna, bu ucundan o ucuna gezip tozar, kov kovlar (dedikodu yapar), kapı dinler, öğleye değin gezer. Öğleden sonra evine gelir, görür ki, hırsız köpek, iri dana, evini birbirine katmış, ev tavuk kümesine, sığır damına dönmüş. Komşularına şöyle seslenir: "Kız Zeliha, Zübeyde, Ürüveyde, Cankız, Canpaşa, Ayna Melek, Kutlu Melek!.. Ölmeye, yitmeye gitmemiştim, yatacak yerim yine bu yıkılası yerdi; nolaydı, benim evime bir an bakaydınız; komşu hakkı, Tanrı hakkı!.."

Bunun gibisinin bebekleri yetişmesin, ocağına bunun gibi avrat gelmesin!

Geldik, o ki, denildiğinden de bayağıdır: Evine yazıdan yabandan saygın bir konuk gelse, kocası da evde olsa, ona dese ki, "Kalk ekmek getir yiyelim, konuk da yesin; pişmiş ekmeğin kalanı olmaz, yemek gerektir." Avrat şunu der: "Neyleyeyim, bu yıkılası evde un yok, elek yok; deve, değirmenden gelmedi." der, elini kalçasına vurur. Arkasını kocasına döner. Bin öğüt verirsin, birini tutmaz, kocasının sözünü kulağına koymaz.

O, Nuh Peygamber'in eşeğinin soyundandır. Ondan da sizi Tanrı saklasın, ocağınıza bunun gibi avrat gelmesin!

Dedem Korkut, örnek olsun diye Oğuzların öykülerini anlatır, başarı gösterenlere ad koyar. Onun koyduğu ad uğurlu sayılır. Anlattığı her Oğuzname'nin sonunda, yaşam gerçeklerini, dünya halini dile getiren deyişler söyler. Kolca kopuz elinden düşmez. Hemen hemen tüm öykülerin sonunda şunları söyler:

Onlar da bu dünyadan geldi geçti,
Kervan gibi kondu göçtü.
Onları da ecel aldı, yer gizledi,
Ölümlü dünya yine kaldı.

Gelimli gidimli dünya,
Son ucu ölümlü dünya . . .

Tanrı'ya da şöyle yakarır:

Kara ölüm geldiğinde geçit versin,
Sağlıkla, akılla devletini Hak artırsın,
Şu övdüğüm yüce Tanrı, dost olarak yardım
etsin.

Yerli kara dağların yıkılmasın!
Gölgelice koca ağacın kesilmesin!
Taşkın akan güzel suyun kurumasın!
Kanatlarının uçları kırılmasın!
Koşar iken ak boz atın sürçmesin!
Vuruştuğunda kara çelik öz kılıcın çentilmesin!
Dürtüşürken alaca mızrağın ufanmasın!
Ak saçlı ananın yeri uçmak olsun!
Ak sakallı babanın yeri uçmak olsun!
Hakkın yandırdığı çırağın yanadursun!
Yüce Tanrı, alçağa el açtırmasın!

Öykülerinin sonunda şunu da söyler: "Benden sonra, yiğit ozanlar söylesin, alnı açık yüzü pak erenler dinlesin."

Halk arasında efsanesi de şöyle yayılmıştır:
Korkut Ata, ölümden kaçmak üzere, bir masal devesi olan kanatlı Cilma'ya binerek dünyanın bir ucuna gitmiş. Orada ölümün kendisini bulamayacağını düşünmüş. Böylece, bilinmez bir ülkeye varmış. Orada, yol üzerinde köylülerin bir çukur kazdıklarını görmüş. "Kimin için kazıyorsunuz bu çukuru?" diye sorunca, köylüler de, "Korkut için!" demişler. Kendisini hiç belli etmemiş. Bu kez,

dünyanın öteki ucuna kaçmış. Orada da aynı durumla karşılaşmış. Dünyanın üçüncü ve dördüncü ucunda da bunu görünce kurtulma umudunu yitirmiş, eski çadırına dönmüş. Devesini kesmiş, derisini dağarcık gibi dikmiş ve kopuzunu bu dağarcığın içine koymuş. Sonra, seccadesini alarak ırmağın ortasına sermiş. Seccade batmamış. Korkut, gece gündüz demeden hep Tanrı'ya yalvarırmış.

Sularla sürüklenip giden seccadenin üzerinde, "Ölüm ne yandan gelecek?" diye düşünürken uykuya dalmış, tam o sıra, ölüm, bir küçük yılan kimliğinde seccadeye çıkmış, Korkut'u sokup öldürmüş.

Korkut'u ırmağın kıyısında bir dağın yamacına gömmüşler, kopuzunu da mezarına koymuşlar. Dedem Korkut, sağlığında, kopuzundan, sahibine ağlarcasına acıklı sesler çıkarmasını istemiş. Kopuz, hep sahibinin sesini çıkarırmış.

Dedem Korkut'la ilgili bir başka efsane de şudur:

Dünyanın bir ucundan öbür ucuna kaçarak ölümden kurtulmak isteyen Korkut, her yerde ölümü görür. Ormanda çürümüş ve yıkılmış ağaç, güneş altında kavrulmuş bitki, güçlü dağlar, Korkut'u da aynı sonun beklediğini belirtir. Çektiği bu acıların etkisiyle Korkut bir kopuz oyar, ona teller takar. Böylece onu kavuran acıları dile getirir. İşte onun yüreğini dile getiren kopuz sesi her tarafa yayılmıştır.

Buna benzer nice efsane, Dedem Korkut'un, halkın yüreğinde nasıl yer ettiğini anlatır. Ama o, daha çok, anlattığı öykülerle gerçek kimliğini kazanır. Oğuzların yol göstericisi, onların sorunlarının çözümleyicisi olarak bilgeleşmiştir. "Bamsı Beyrek" öyküsündeki şu olay, Dedem Korkut'un önemini çok iyi anlatır:

Bay Büre Bey, oğlu Bamsı Beyrek'i evlendirecektir. Oğlundan kimi istediğini sorar. Oğlan, alacağı kızın niteliklerini şöyle belirtir: "Baba, bana öyle bir kız al ki, ben yerimden kalkmadan o kalkmış olsun; ben, kara koç atıma binmeden o binmiş olsun; ben düşmana saldırmadan o baş getirmiş olsun . . ." Babası, kızın kim olduğunu anlar. Kız, Bay Bican Bey'in kızı Banı Çiçek'tir. Ne var ki, eşsiz güzellikte olan bu kızı almak çok zordur. Kızın bir kardeşi vardır, adına Deli Karçar derler. Kız dileyeni (isteyeni) öldürür. Oğuz beyleri toplanırlar, Deli Karçar'dan Banı Çiçek'i istemeye Dedem Korkut'u gönderirler. Olay şöyle gelişir:

Dedem Korkut:

— Dostlar, mademki beni gönderiyorsunuz, bilirsiniz ki Deli Karçar, kız kardeşini dileyeni öldürür, bari Bayındır Han'ın tavlasından iki güzel koşucu at getirin; bir, keçi başlı geçer aygırı, bir de toklu başlı doru aygırı. Ansızın kaçma kovalama olursa birisine bineyim, birisini yedekte çekeyim, dedi.

Dedem Korkut'un sözü yerinde görüldü. Vardılar Bayındır Han'ın tavlasından o iki atı getirdiler. Dedem Korkut birine bindi, birini yedekte çekti, "Dostlar, sizi Hakka ısmarladım" dedi gitti.

Meğer sultanım, Deli Karçar da, ak çadırını, ak otağını kara yerin üzerine kurdurmuştu. Arkadaşlarıyla nişan talimi yapıp oturuyordu. Dedem Korkut öteden beri geldi. Baş indirdi, bağır bastı, ağız dilden güzel selam verdi. Deli Karçar, ağzını köpüklendirdi, Dedem Korkut'un yüzüne baktı.

— Aleyküsselam, ey ameli azmış, fiili dönmüş, büyük Allah ak alnına dert yazmış! Ayaklıların buraya geldiği yok, ağızlıların bu suyumdan içtiği yok. Sana n'oldu, amelin mi azdı, fiilin mi döndü, ecelin mi geldi, buralarda neylersin? dedi.

Dedem Korkut, Deli Karçar'ın sorusunu deyiş söyleyerek yanıtladı:

Karşı yatan kara dağını aşmaya gelmişim,
Akıntılı güzel suyunu içmeye gelmişim,
Geniş eteğine, dar koltuğuna sığınmaya
gelmişim.

Böyle dedi, sonra da geliş nedenini açıkladı:
— Allahın emri ile, Peygamberin kavli ile, aydan arı, günden güzel kız kardeşin Banı Çiçek'i Bamsı Beyrek'e dilemeye gelmişim.

Dedem Korkut böyle deyince, Deli Karçar, çevresine seslendi:
— Bre dediğimi yetiştirin, kara aygırı hazırlanmış olarak getirin!

Kara aygırı hazırlanmış olarak getirdiler, Deli Karçar'ı üzerine bindirdiler. Dedem Korkut, kösteği üzdü, durmadan kaçtı. Deli Karçar ardına düştü. Toklu başlı doru aygır yoruldu, Dedem Korkut, keçi başlı geçer aygıra sıçradı bindi. Kovalaya kovalaya, Dedem Korkut'a on belen yol aşırdı Deli Karçar. Dedem Korkut şaşkına döndü, Tanrı'ya sığınıp "İsm-i Âzam"ı okudu. Deli Karçar kılıcını eline aldı, öfke ile saldırdı. Deli Bey diledi ki, Dedem Korkut'u tepeden aşağı çalsın. Dedem Korkut:

— Çalarsan elin kurusun! diye bağırdı.

Tanrı'nın buyruğuyla, Deli Karçar'ın eli, yukarıda asılı kaldı. Çünkü Dedem Korkut keramet ehli idi, dileği kabul olundu. Deli Karçar yalvardı:

— Medet aman, elaman! Tanrı'nın birliğine yoktur güman! Sen benim elimi sağalt, Allahın emri ile, Peygamberin kavli ile, kız kardeşimi Beyrek'e vereyim.

Bunu üç kez yineledi, günahını tövbe eyledi. Dedem Korkut yalvardı, Deli'nin eli, Tanrı buyruğuyla sapasağlam oldu. Bu kez sıra kesim kesmeye geldi. Karçar sordu:

— Dede, kız kardeşimin yoluna ben ne istersem verir misin?

— Verelim, dedi, iste görelim ne istersin?

— Bin erkek deve getirin, dişi deve görmemiş olsun; bin de aygır getirin, hiç kısrağa aşmamış olsun; bin de koyun görmemiş koç getirin; bin de kuyruksuz kulaksız köpek getirin; bin de pire getirin bana, dedi. Eğer bu dediğim şeyleri getirirseniz, gönül hoşluğuyla verdim, ama getirmeyecek olursan, bu kez öldürmedim, o zaman öldürürüm!

Dedem Korkut döndü, Bay Büre Bey'in evine geldi. Bay Büre Bey sordu:

— Dede, oğlan mısın, kız mısın?
— Oğlanım!
— Ya öyleyse nasıl kurtuldun Deli Karçar'ın elinden?
— Tanrı'nın inayeti, erenlerin himmeti oldu, kızı aldım! dedi.

Beyrek'e, anasına, kız kardeşlerine muştucu geldi. Sevindiler. Bay Büre Bey sordu:
— Deli ne kadar mal istedi?
Dedem Korkut söyledi:
— Onmasın, yetmesin, Deli Karçar öyle mal istedi ki, hiç bitmez.
— Hele söyle, ne istedi?
— Bin aygır istemiştir ki, kısrağa aşmamış olsun; bin de erkek deve istedi ki, dişi deve görmemiş olsun; bin de koç istemiştir ki, koyun görmemiş olsun; bin de kuyruksuz kulaksız köpek istedi; bin de ufacık karacık pireler istedi. "Bu şeyleri getirecek olursanız, kız kardeşimi veririm, getirmeyecek olursan, gözüme görünmeyesin, yoksa seni öldürürüm!" dedi.
— Dede, ben üçünü bulursam, ikisini de sen bulur musun?
— Peki Hanım, bulayım.
— Şimdi, dede, köpek ile pireyi sen bul, dedi.
Ondan sonra kendisi, tavla tavla atlarına vardı, bin aygır seçti; develerine vardı, bin erkek deve seçti; koyunlarına vardı, bin koç seçti. Dedem Korkut da, bin kuyruksuz kulaksız köpek ile bin de pire buldu, alıp bunları Deli Karçar'a gitti.

Deli Karçar, Dedem Korkut'un geldiğini işitti, onu karşıladı, "Göreyim, dediğimi getirdiler mi?" dedi. Aygırları görünce beğendi, develeri görünce beğendi, koçları görünce beğendi; köpekleri görünce kas kas güldü, sordu:

— Dede, ya hani benim pirelerim?

— Hey oğul Karçar, pire dediğin, insan için, tıpkı büvelek gibi tehlikelidir. O, bir yaman canavardır. Hep bir yerde toplamışımdır. Gel gidelim, semizini al, zayıfını bırak.

Aldı Deli Karçar'ı pireli bir yere getirdi. Deli Karçar'ı yalıncak eyledi, ağıla soktu. Pireler Deli Karçar'ın üzerine üşüştüler. Karçar gördü ki başa çıkamıyor.

— Medet Dede, kerem eyle, allahaşkına kapıyı aç, çıkayım! diye bağırdı.

Dedem Korkut alay etti:

— Oğul Karçar, ne kargaşa ediyorsun, getirdim; bu, ısmarladığın şeydir. N'oldu da böyle bunaldın, semizini al, zayıfını bırak . . .

— Hay dede sultan, Tanrı bunun semizini de alsın, zayıfını da alsın! Hemen beni kapıdan dışarı çıkar, aman medet! dedi Deli Karçar.

Dedem Korkut kapıyı açtı, Deli Karçar çıktı. Dedem Korkut gördü ki, delinin canına geçmiş, başının kaygısına düşmüş, gövdesi pireden görünmez, yüzü gözü belli değil. Deli Karçar, Dedem Korkut'un ayağına düştü:

— Allahaşkına beni kurtar!
— Var oğul, kendini suya at!

Deli Karçar koşup vardı, kendini suya attı. Piredir, suya aktı gitti. Geldi, giysisini giydi, evine gitti.

"Boğaç Han" öyküsünde olduğu gibi, başarı gösterenlere ad koyan odur. "Tepegöz"de, kesim kesmeyi başaran gene Dedem Korkut'tur. "Bamsı Beyrek" öyküsünde Deli Karçar'ı dize getiren de odur. Dedem Korkut, Türklerin iki telli çalgısı olan kopuzu bulduğu için, bu yönden de kutsal sayılır. Kopuz adına, kılıç çalmakta olan kişinin bile eli havada kalır. Bir öyküde, "Bre kâfir, Dedem Korkut'un kopuzunun hürmetine çalmadım! Eğer elinde kopuz olmasaydı, seni iki parça kılardım!" sözü geçer. Böylesine kutsal, saygın bir yanı vardır Dedem Korkut'un.

Dedem Korkut soy soylamış, boy boylamış, halkının başından geçenleri, elinde kopuz, anlatmış bir ozandır. Anlattıkları bugüne capcanlı gelmiştir. Yalın, akıcı dili, güzel anlatışı bugün bile etkisini sürdürüyor.

Boğaç Han

Bir gün, Kam Gan oğlu Bayındır Han yerinden kalkmıştı. Şam işi günlüğünü yer yüzüne diktirmişti. Günlüğünün saçakları pırıl pırıl parlıyordu. Oturduğu yerin her yanına binlerce ipek halıcık döşemişti.

Hanlar hanı Bayındır Han yılda bir kez şölen verip Oğuz beylerini konuklardı. Gene şölen verip attan aygır, deveden buğra, koyundan koç kestirmişti. Bir yere ak otağ, bir yere kızıl otağ, bir yere de kara otağ kurdurmuştu. Bir de buyruk çıkarmıştı:

— Kimin ki oğlu kızı yok, kara otağa kondurun, kara keçeyi altına döşeyin, kara koyun yahnisinden önüne getirin. Yerse yesin, yemezse kalksın gitsin! demişti. Oğlu olanı ak otağa, kızı olanı kızıl otağa kondurun. Oğlu kızı olmayanı Tanrı lanetlemiştir, biz de lanetleriz, bu iyi bilinsin!

Oğuz beyleri bir bir gelip toplanmaya başladı. Meğer Dirse Han derler bir yiğit vardı, bu beyin oğlu kızı yoktu. Buyruğu duyunca duygulanmış, görelim neler söylemiş:

Salkım salkım tan yelleri estiğinde,
Sakallı boz çayır kuşu öttüğünde,
Sakalı uzun hocalar ezan okuduğunda,
Güzel atlar sahiplerini görüp kişnediklerinde
Akla karanın seçildiği çağda,

Göğsü güzel koca dağlara gün değende,
Bey yiğitlerin birbirlerine saldırdıkları çağda . . .

Buyruğu böyle duydu ama, Dirse Han, sabahın alacakaranlığında yerinden kalktı, kırk yiğidini yanına alarak Bayındır Han'ın şölenine geldi. Bayındır Han'ın yiğitleri Dirse Han'ı karşıladılar, getirip kara otağa kondurdular, kara keçeyi altına döşediler, kara koyun yahnisinden önüne getirdiler.

— Bayındır Han'dan buyruk böyledir hanım, dediler.

Dirse Han sordu:

— Bayındır Han benim ne eksikliğimi gördü? Kılıcımdan mı gördü, soframdan mı gördü? Benden değersiz kişileri ak otağa, kızıl otağa kondurdu, benim suçum ne oldu ki beni kara otağa konduruyor?

Dediler:

— Hanım, bugün Bayındır Han'dan buyruk şöyledir ki, oğlu kızı olmayanı Tanrı lanetlemiştir, biz de lanetleriz, demiştir.

Dirse Han yerinden doğruldu. Yiğitlerine:

— Kalkın yiğitlerim, yerinizden doğrulun! Bu görülmedik ayıp, ya bendendir, ya hatundandır . . . dedi.

Atlarına atlayıp sürdü geldiler. Dirse Han evine gitti. Çağırıp, hatununa söyler, görelim hanım ne söyler:

Beri gel, başımın bahtı, evimin tahtı,
Evden çıkıp yürüyende servi boylum,
Topuğunda sarmaşanda kara saçlım,

Kurulu yaya benzer çatma kaşlım,
Çift badem sığmayan dar ağızlım,
Güz elmasına benzer al yanaklım,
Kadınım, evimin direği, döleğim.

Böyle dedi, sonra da olanı biteni hatununa anlattı:
— Görür müsün neler oldu? Han Bayındır yerinden doğrulmuş, bir yere ak otağ, bir yere kızıl otağ, bir yere de kara otağ diktirmiş. "Oğulluyu ak otağa, kızlıyı kızıl otağa, oğlu kızı olmayanı kara otağa kondurun. Kara keçeyi altına döşeyin, kara koyun yahnisinden önüne getirin, yerse yesin, yemezse kalksın gitsin. Kimin ki oğlu kızı olmaya, Tanrı onu lanetlemiştir, biz de lanetleriz!" demiş. Ben varınca gelip karşıladılar, kara otağa kondurdular, kara keçeyi altıma döşediler, kara koyun yahnisinden önüme getirdiler. "Oğlu kızı olmayanı Tanrı lanetlemiştir, biz de lanetleriz. Bu iyi bilinsin!" dediler. Senden midir, benden midir ey Han kızı! Tanrı bize bir yetmen oğul vermez, nedendir? dedi, ardından da bir deyiş söyledi:

Han kızı, yerimden kalkayım mı!
Yakandan, boğazından tutayım mı!
Kaba ökçemin altına atayım mı!
Kara çelik öz kılıcımı elime alayım mı!
Başını öz gövdenden ayırayım mı!
Can tatlılığını sana bildireyim mi!
Alca kanını yeryüzüne dökeyim mi!
Han kızı, nedenini söyle bana,
Çok acı çektiririm yoksa sana!

Dirse Han bu öfkeli sözleri söyledi elif gibi ince hatununa. Bunun üzerine Dirse Han'ın hatunu da söylemiş, görelim neler söylemiş:

— Dirse Han, Dirse Han ... Han babamın güveysi, kadın anamın güvencesi ... Bana acı çektirme, incinip kötü sözler söyleme! Yerinden kalk, ala çadırını yeryüzüne diktir. Attan aygır, deveden buğra, koyundan koç kestir. İç Oğuz'un, Dış Oğuz'un beylerini başına topla. Aç görsen doyur, yalıncak görsen donat, borçluyu borcundan, dertliyi derdinden kurtar. Tepe gibi et yığdır, göl gibi kımız sağdır. Büyük şölen ver, dilek dile, ola ki bir ağzı dualının yakarısıyla Tanrı bize bir yetmen oğul verir ... dedi.

Dirse Han, kadınının sözüne uydu, büyük bir şölen verdi, dilek diledi. Attan aygır, deveden buğra, koyundan koç kestirdi. Aç görse doyurdu, yalıncak görse donattı, borçluyu borcundan, dertliyi derdinden kurtardı. Tepe gibi et yığdırdı, göl gibi kımız sağdırdı. El açıp dilek dilediler. Bir ağzı dualının yakarısıyla Tanrı bir çocuk verdi. Hatunu gebe kaldı, nice zamandan sonra bir oğlan doğurdu. Oğlancığı dadılara verdiler, saklattılar.

At ayağı çabuk olur, ozan dili çevik olur, kemikliler gelişir, kaburgalılar büyür. Oğlan on beş yaşına girdi, babası Bayındır Han'ın ordusuna karıştı.

Meğer hanım, Bayındır Han'ın bir boğası vardı, bir de buğrası. Boğa, sert taşa boynuz vursa, un ufak ederdi. Bir yazın, bir de güzün boğa ile buğrayı güreştirirlerdi. Bayındır Han, güçlü Oğuz beylerini yanına toplar, bu güreşi seyreder, eğlenirlerdi.

Meğer sultanım, gene bir yaz, boğayı saraydan çıkardılar. Üç kişi sağ yanından, üç kişi sol yanından, demir zincirlerle bağlı boğayı tutmuşlardı. Alanın ortasına geldiklerinde koyverdiler. O sırada, Dirse Han'ın oğlancığı ile üç de ordu uşağı, orada aşık oynuyorlardı. Boğayı koyverdiler, oğlancıklara "Kaç!" dediler. O üç oğlan kaçtı. Dirse Han'ın oğlancığı kaçmadı, ak alanın ortasında baktı durdu. Boğa da oğlanın üzerine sürdü geldi, diledi ki oğlanı parçalayıp atsın bir yana. Oğlan, boğanın alnına kıyasıya bir yumruk vurdu. Boğa geri geri gitti. Gene sürüp geldi, oğlana saldırdı. Oğlan, yine boğanın alnına sert bir yumruk vurdu. Yumruğunu da kaldırmadı, boğanın alnına dayadı. Sürdü boğayı alanın dışına çıkardı. Boğa ile oğlan bir süre daha çekiştiler. Boğa, iki kürek kemiğinin üzerinde dik duracak hale geldi. Ne oğlan yener, ne boğa . . . Oğlan düşündü: "Bir dama direk vururlar, o dama destek olur. Ben bunun alnına niye destek olup duruyorum?" Böyle düşünüp kararını verdi. Boğanın alnından yumruğunu çekti, önünden de savuldu. Boğa ayağının üstünde duramadı, düştü, tepesinin üstüne yıkıldı. Oğlan bıçağına el attı, boğanın başını kesti.

Oğuz beyleri gelip oğlanın başında toplandılar. Oğlanı övdüler: "Dedem Korkut gelsin, bu oğlana ad koysun, yanına alıp babasına götürsün, babasından oğlana beylik istesin, taht istesin . . ." dediler.

Çağırdılar, Dedem Korkut geldi. Oğlanı alıp babasına vardı. Dedem Korkut, Dirse Han'a söylemiş, görelim nasıl söylemiş:

Hey Dirse Han, beylik ver bu oğlana,
Taht ver, erdemlidir.
Boynu uzun soylu at ver bu oğlana,
Biner olsun, hünerlidir.
Ağıllarından on bin koyun ver bu oğlana,
Şişlik olsun, erdemlidir.
Develerinden kızıl deve ver bu oğlana,
Yüklet olsun, hünerlidir.
Altın başlı ev ver bu oğlana,
Gölge olsun, erdemlidir.
Omzu kuşlu kaftan ver bu oğlana,
Giyer olsun, hünerlidir.

Deyişine şunları da ekledi:
— Bayındır Han'ın ak alanında savaşmıştır senin oğlun, Dirse Han, bir azgın boğa öldürmüştür, adı Boğaç olsun. Adını ben verdim, yaşını Tanrı versin, dedi.

Dirse Han, oğlana beylik verdi, taht verdi.

Oğlan tahta çıktı, babasının kırk yiğidinin adını anmaz oldu, onların sözlerine güvenmedi. O kırk yiğit bunu çabuk sezdiler, aralarında konuştular: "Gelin gidip oğlanı babasına çekiştirelim. Ola ki, babası onu öldürür de, gene bizim değerimiz, saygımız Dirse Han'ın katında artar."

Bu kırk yiğidin yirmisi bir yana oldu, yirmisi de bir yana. Önce yirmisi vardı Dirse Han'a, şu haberi verdi:

— Görüyor musun Dirse Han neler oldu, onup yetmesin senin oğlun kötü çıktı, hayırsız çıktı. Kırk yiğidini alıp Oğuz'un üzerine yürüdü, nerede güzel gördüyse çekip aldı, ak sakallı kocaların ağzına sövdü, ak pürçekli kadınların sütünü çekti . . . Akan duru sulardan haber geçer, eğri yatan Aladağ'dan haber aşar, hanlar hanı Bayındır'a haber varır. "Dirse Han'ın oğlu, böyle görülmemiş işler yapmış." derler. O zaman, gezdiğinden, öldüğün yeğ olur. Bayındır Han seni çağırır, sana çok acı çektirir. Böyle oğul senin nene gerek hey Dirse Han, böyle oğul olmaktan olmamak yeğdir. Onu öldür de kurtul! dediler.

Dirse Han:
— Varın getirin öldüreyim! dedi.

Böyle deyince hanım, o alçakların yirmisi daha çıkageldi, bir dedikodu da onlar getirdi:
— Dirse Han, Dirse Han . . . Kalkıp senin oğlun yerinden doğruldu. Göğsü güzel koca dağa ava çıktı. Sen var iken av avladı kuş kuşladı, avını anasının yanına alıp getirdi. Al şarabın keskininden içti, anasıyla sohbet eyledi, babasının canına kast eyledi! Senin oğlun kör çıktı, uğursuz çıktı! Eğri yatan Aladağ'dan haber geçer, hanlar hanı Bayındır'a haber varır. Bayındır Han'ın oğlu böyle görülmemiş işler yapmış derler, seni çağırtırlar. Dirse Han'ın katında

sana çok acı çektirirler. Böyle oğul senin nene gerek hey Dirse Han, onu öldür de kurtul! dediler.
Dirse Han:
— Varın getirin öldüreyim, böyle oğul bana gerekmez! dedi.
Dirse Han'ın yiğitleri:
— Biz senin oğlunu nasıl getirelim, senin oğlun bizim sözümüzü dinlemez, bizim sözümüzle gelmez. Kalkıp yerinden doğrul, yiğitlerini gönülle, yanına al. Oğlunu da yanına al, ava çık. Av avlayıp kuş uçurup oğlunu öldürmeye bak. Böyle öldüremezsen başka türlü öldüremezsin, bunu iyi bil! dediler.

Salkım salkım tan yelleri estiğinde,
Sakallı boz çayır kuşu öttüğünde,
Sakalı uzun hoca ezan okuduğunda,
Güzel atlar sahiplerini görüp kişnediklerinde,
Akla karanın seçildiği çağda,
Oğuz'un gelininin kızının bezendiği çağda,
Göğsü güzel koca dağlara gün değende,
Bey yiğitlerin birbirlerine saldırdıkları
                                    çağda . . .

Sabahın alaca karanlığında Dirse Han yerinden kalktı. Oğlancığını yanına alıp kırk yiğidi ile birlikte ava çıktı. Av avladılar, kuş kuşladılar. O kırk alçağın birkaçı oğlanın yanına geldi:
— Baban diyor ki, geyikleri kovalasın getirsin, benim önümde tepelesin. Oğlumun at koşturuşunu,

kılıç çalışını, ok atışını göreyim, sevineyim, kıvanayım, güveneyim . . . dediler.

Oğlandır, ne bilsin? Geyiği kovalıyordu, getiriyordu, babasının önünde vuruyordu. "Babam at koşturuşuma baksın kıvansın, ok atışıma baksın güvensin, kılıç çalışıma baksın sevinsin." diyordu.

O kırk alçak, bu kez babasına:

— Dirse Han, görüyor musun, yazıda yabanda geyiği kovalıyor, senin önüne getiriyor . . . Geyiğe atarken, okla seni vurup öldürecek! Oğlun seni öldürmeden sen oğlunu öldürmeye bak! dediler.

Oğlan, geyiği kovalarken babasının önünden gelip geçiyordu. Dirse Han, sert yayını eline aldı, üzengiye kalkıp kuvvetle çekti, doğrultup attı. Oğlanı iki küreğinin arasından vurup yere çaktı, yıktı. Ok, yerini buldu, oğlanın alca kanı şorladı, göğsü bağrı kanla doldu. Oğlan, güzel atının boynunu kucakladı, yere düştü.

Dirse Han dayanamadı, istedi ki oğlancığının üstüne gürleyip kapansın. O kırk alçak bırakmadı, atının dizginini döndürdü. Oradan çıkıp evlerine geldiler.

Dirse Han'ın hatunu, oğlancığının ilk avıdır diye attan aygır, deveden buğra, koyundan koç kestirdi, Oğuz beylerine şölen vereyim, dedi. Toparlanıp yerinden kalktı, kırk ince kızını yanına aldı, Han'ı karşılamaya çıktı. Başını kaldırıp Dirse Han'ın yüzüne baktı. Sağına soluna göz gezdirdi, oğlancığını göremedi. Kara bağrı sarsıldı, yüreği oynadı, kara kıyma gözleri kan yaş doldu. Çağırıp Dirse Han'a söyler, görelim nasıl söyler:

Beri gel, başımın bahtı, evimin tahtı,
Han babamın güveysi,
Kadın anamın sevgisi,
Babamın, anamın verdiği,
Göz açıp da gördüğüm,
Gönül verip sevdiğim,
A Dirse Han!
Kalkıp yerinden doğruldun,
Yelesi kara, güzel atına bindin,
Göğsü güzel koca dağa ava çıktın . . .
İki gittin, bir geliyorsun,
Yavrum hani?
Karanlık gecede bulduğum,
Oğul hani?

Çıksın benim görür gözüm a Dirse Han,
Yaman seğiriyor!
Kesilsin oğlanın emdiği süt damarım,
Yaman sızlıyor!
Sarı yılan sokmadan, akça tenim kalkıp şişiyor,
Yalnızca oğul görünmüyor, bağrım yanıyor.

Kuru kuru çaylara su saldım,
Kara giysili dervişlere adaklar verdim,
Aç görsem doyurdum, yalıncak görsem
                                        donattım,
Tepe gibi et yığdırdım, göl gibi kımız
                                        sağdırdım,
Dilekle bir oğulu güçlükle buldum.

Yalnız oğul haberini a Dirse Han,
Söyle bana!

Karşı yatan ala dağdan bir oğul uçurdunsa,
Söyle bana!
Taşkın akan yüğrük sudan bir oğul akıttınsa,
Söyle bana!
Aslan ile kaplana bir oğul yedirdinse,
Söyle bana!
Kara giysili azgın dinli kâfirlere bir oğul
aldırdınsa,
Söyle bana!

Han babamın katına ben varayım,
Ağır hazine, bol asker alayım,
Azgın dinli kâfire ben varayım . . .
Paralanıp güzel atımdan inmeyince,
Yenim ile alca kanım silmeyince,
Kol but olup yer üstüne düşmeyince,
Yalnız oğul yollarından dönmeyeyim!
Yalnız oğul haberini a Dirse Han,
Söyle bana,
Kara başım kurban olsun bugün sana.

Böyle dedi dedi, ağladı Dirse Han'ın hatunu. Dirse Han'ın ağzı açılmadı. O kırk alçak, şöyle avuttu hatunu:

— Oğlun sağdır, esendir, avdadır, bugün yarın nerdeyse gelir. Korkma, kaygılanma, bey sarhoştur, onun için konuşmaz, dediler.

Dirse Han'ın hatunu umutsuz, geri döndü. Oğlancığına dayanamadı. Kırk ince kızı yanına aldı, güzel atına bindi, oğlancığını aramaya çıktı. Kışta, yazda karı erimeyen Kazılık dağına geldi çıktı. Alçaktan yüce yerlere atını sürüp çıktı. Baktı gördü ki, bir derenin içine karga, kuzgun iner çıkar, konar kalkar. Güzel atını ökçeledi, o yana yürüdü.

Oğlan orada yığılıp kalmıştı. Karga, kuzgun, kan görüp oğlanın üstüne konmak istiyordu. Oğlanın iki köpekçiği, kargayı, kuzgunu kovalıyordu, onun üstüne kondurmuyordu.

Oğlan orada yığılıp kaldığında. Boz atlı Hızır çıkıp gelmiş, oğlanın gözüne görünmüştü. Yarasını üç kez sığamış, "Korkma oğul, bu yaradan sana ölüm yoktur. Dağ çiçeğiyle ananın sütü, senin yarana merhemdir." Böyle demiş, kaybolup gitmişti.

Oğlanın anası koşup geldi. Baktı gördü ki, oğlancığı alca kana bulanmış yatıyor. Çağırıp söylemiş, görelim nasıl söylemiş:

> *Kara kıyma gözlerini uyku bürümüş,*
> *Aç oğul!*
> *On iki kemikçiğinin canı gitmiş,*
> *Topla oğul!*
> *Tanrı'nın verdiği tatlı canın gider olmuş,*
> *Yakala oğul!*
>
> *Öz gövdende canın varsa oğul,*
> *Söyle bana!*
> *Kara başım kurban olsun,*
> *Oğul sana!*
>
> *Akar senin suların Kazılık dağı,*
> *Akar iken akmaz olsun!*
> *Biter senin otların Kazılık dağı,*
> *Biter iken bitmez olsun!*

Kaçar senin geyiklerin Kazılık dağı,
Kaçar iken kaçmaz olsun, taşa dönsün!

Ne bileyim oğul, aslandan mı oldu,
Yoksa kaplandan mı oldu, ne bileyim oğul,
Bu kazalar sana nereden geldi?

Öz gövdende canın varsa oğul, haber bana,
Kara başım kurban olsun oğul sana,
Ağız dilden bir iki söz haber bana . . .

Böyle deyince, oğlanın kulağına anasının sesi çarptı. Oğlan, başını kaldırdı, gözünü açtı, anasının yüzüne baktı. O da söylemiş, görelim nasıl söylemiş:

Beri gel, ak sütünü emdiğim, kadınım anam,
Ak pürçekli, değerli canım anam . . .

Akan sularını lanetleme,
Kazılık dağının günahı yoktur.
Biten otlarını lanetleme,
Kazılık dağının suçu yoktur.
Koşan geyiklerini lanetleme,
Kazılık dağının günahı yoktur.
Aslan ile kaplanını lanetleme,
Kazılık dağının suçu yoktur.
Lanetlersen babamı lanetle,
Bu suç, bu günah babamındır!

Kan yaş dolu gözlerini anasına döndü:
— Ana ağlama, bana bu yaradan ölüm yoktur, korkma. Boz atlı Hızır bana geldi, yaramı üç kez sı-

ğadı, "Bu yaradan sana ölüm yoktur, dağ çiçeğiyle ananın sütü, senin yarana merhemdir." dedi.

Böyle deyince kırk ince kız, yayıldılar sarı çiçekli yaylalara, dağ çiçeği topladılar. Oğlanın anası, memesini bir sıktı, sütü gelmedi; iki sıktı, sütü gelmedi; üçüncüde kendisini zorladı, sıktı, iyice sıktı, sütle kan karışık geldi. Sütle dağ çiçeğini kardılar, merhem yaptılar, merhemi oğlanın yarasına vurdular. Oğlanı ata bindirdiler, alıp evine getirdiler. Oğlanı hekimlere bırakıp, olanı biteni de Dirse Han'dan sakladılar.

At ayağı külük, ozan dili çevik olur. Hanım, oğlanın yarası kırk günde sağaldı. Oğlan ata biner, kılıç kuşanır oldu. Av avlar, kuş kuşlar oldu. Dirse Han'ın hiçbir şeyden haberi yok; oğlancığını öldü biliyor.

O kırk alçak bunu duydular, ne eyleyelim diye aralarında konuştular. "Dirse Han, eğer oğlancığını görürse bırakmaz, bizi hep öldürür!" dediler. "Gelin Dirse Han'ı tutalım, ak ellerini ardına bağlayalım, kıl sicimi ak boynuna takalım, alıp kâfir ellerine kaçalım!" diyerek Dirse Han'ı tuttular, ak ellerini ardına bağladılar, kıl sicimi boynuna taktılar, ak etinden kan çıkıncaya değin dövdüler. Dirse Han yaya, bunlar atlı yürüdüler, alıp kanlı kâfir ellerine kaçtılar. Dirse Han tutsak oldu gider. Dirse Han'ın tutsaklığından Oğuz beylerinin haberi yok.

Meğer sultanım, Dirse Han'ın hatunu bunu duymuş. Oğlancığına karşı varıp söylemiş, görelim ne söylemiş:

Görür müsün ey oğul, neler oldu,
Sarp kayalar oynamadı, yer yarıldı . . .

Söylemekle kalmadı, olanı biteni de anlattı:
— Oğuz ellerinde düşman yokken, senin babanın üstüne düşman geldi. O kırk alçak, sözde babanın yoldaşları, babanı tuttular, ak ellerini ardına bağladılar, kıl sicimi ak boynuna taktılar, kendileri atlı, babanı yaya yürüttüler, aldı kanlı kâfir ellerine kaçtılar. Oğul, oğul! Kalk, yerinden doğrul, kırk yiğidini yanına al, babanı o kırk alçaktan kurtar! Yürü oğul, baban sana kıydı ise, sen babana kıyma . . .

Oğlan, anasının sözünü kırmadı. Boğaç Han yerinden kalktı, kara çelik öz kılıcını beline kuşandı, ak kirişli sert yayını eline aldı, altın mızrağını koluna aldı, güzel atını tutturdu, sıçrayıp bindi. Kırk yiğidini yanına aldı, babasının ardınca dörtnala gittiler.

O alçaklar bir yere konmuşlardı. Al şarabın keskininden içiyorlardı. Boğaç Han sürüp geldi, o kırk alçak da bunu gördü. "Gelin varalım, şu yiğidi tutup getirelim, ikisini birlikte kâfire götürelim!" dediler.

Dirse Han bunu duydu:
— Kırk yoldaşım, aman! Tanrı'nın birliğine yoktur güman . . . Benim elimi çözün, kolca kopuzumu elime verin. O yiğidi döndüreyim, ister beni öldürün, ister diriltin, salıverin, dedi.

Dirse Han'ın elini çözdüler, kolca kopuzunu eline verdiler. Dirse Han, o yiğidin, oğlancığı olduğunu bilmedi, söyler, görelim nasıl söyler:

Boynu uzun güzel atlar gider ise benim gider,
Senin de içinde binitin varsa yiğit,
Söyle bana!
Savaşmadan, vuruşmadan alıvereyim,
Dön geri!

Ağıllardan on bin koyun gider ise benim gider,
Senin de içinde şişliğin varsa yiğit,
Söyle bana!
Savaşmadan, vuruşmadan alıvereyim,
Dön geri!

Develerden kızıl deve gider ise benim gider,
Senin de içinde yükletin varsa,
Söyle bana!
Savaşmadan, vuruşmadan alıvereyim,
Dön geri!

Altın başlı otağlar gider ise benim gider,
Senin de içinde odan varsa yiğit,
Söyle bana!
Savaşmadan, vuruşmadan alıvereyim,
Dön geri!

Ak yüzlü, ala gözlü gelinler gider ise benim
                                        gider,
Senin de içinde nişanlın varsa,
Söyle bana!
Savaşmadan, vuruşmadan alıvereyim,
Dön geri!

*Ak sakallı kocalar gider ise benim gider,
Senin de içinde ak sakallı baban varsa yiğit,
Söyle bana!
Savaşmadan, vuruşmadan alıvereyim,
Dön geri!*

*Benim için geldin ise, oğlancığımı öldürmüşüm,
Yiğit sana yazık olur.*

Burada oğlan da söylemiş, görelim ne söylemiş:

*Boynu uzun güzel atlar senin gider,
Benim de içinde binitim var,
Bırakmam o kırk alçağa!*

*Develerden kızıl deve senin gider,
Benim de içinde yükletim var,
Bırakmam o kırk alçağa!*

*Ağıllardan on bin koyun senin gider,
Benim de içinde şişliğim var,
Bırakmam o kırk alçağa!*

*Ak yüzlü, ala gözlü gelin senin gider,
Benim de içinde nişanlım var,
Bırakmam o kırk alçağa*

*Altın başlı otağlar senin gider,
Benim de içinde odam var,
Bırakmam o kırk alçağa!*

*Ak sakallı kocalar senin gider,
Benim de içinde aklı şaşmış babam var,
Bırakmam o kırk alçağa!*

Boğaç Han bunları söyledi, kırk yiğidine tülbent sallayıp el eyledi. Kırk yiğit, güzel atlarını oynattılar, Boğaç Han'ın çevresinde toplandılar. Boğaç Han, kırk yiğidini yanına aldı, at tepti, savaştı. O alçakların kiminin boynunu vurdu, kimini tutsak etti. Babasını kurtardı, obasına geri döndü. Dirse Han, burada oğlancığının sağ olduğunu bildi. Hanlar hanı Bayındır Han, oğlana beylik verdi, taht verdi. Dedem Korkut boy boyladı, soy soyladı, bu destanı düzdü, koştu, şöyle dedi:

Onlar da bu dünyadan geldi geçti,
Kervan gibi kondu göçtü.
Onları da ecel aldı, yer gizledi,
Ölümlü dünya yine kaldı.

Gelimli gidimli dünya,
Son ucu ölümlü dünya . . .

Tanrı'ya da şöyle yakardı:

Kara ölüm geldiğinde geçit versin,
Sağlıkla, akılla devletini Hak artırsın,
O övdüğüm yüce Tanrı, dost olarak yardım
etsin.

Yerli kara dağların yıkılmasın!
Gölgelice koca ağacın kesilmesin!
Taşkın akan güzel suyun kurumasın!
Kanatlarının uçları kırılmasın!
Koşar iken ak boz atın sürçmesin!

*Vuruştuğunda kara çelik öz kılıcın çentilmesin
Dürtüşürken alaca mızrağın ufanmasın
Ak saçlı ananın yeri uçmak olsun!
Ak sakallı babanın yeri uçmak olsun!
Hakkın yandırdığı çırağın yanadursun!
Yüce Tanrı, alçağa el açtırmasın!*

Deli Dumrul

Eski Türk ellerinde bir yiğit yaşamıştı. Adı Deli Dumrul'du. Kuru bir çayın üzerine bir köprü kurdurmuştu. Bu köprüden geçenlerden otuz akça alırdı. Geçmeyenlerden ise, döve döve kırk akça alırdı. Kim olursa olsun, o köprüden geçmek zorundaydı.

Açıkçası, herkese meydan okuyordu: "Hey! Hey! . . . Benden deli, benden güçlü bir yiğit var mıdır? Varsa çıksın, benimle savaşsın!" diye bağırıyordu. Vuruşmak için oradan geçenleri zora koşuyordu. İstiyordu ki, en güçlü yiğitleri yensin, ünü Rum'a, Şam'a yayılsın. Ondan yiğit, ondan güçlü kimse yoktur şu yeryüzünde, densin!

Bir gün, karşı dağın yamacına bir oba kondu. O obada güzel bir yiğit sayrı düşmüştü. Tanrı'dan buyruk oldu, yiğit öldü. "Kardaş! . . ." diye, "Oğul! . . ." diye diye, oba halkı ağlaştı. Ağlaşmayı duyan Deli Dumrul, atına atlayıp, dörtnala geldi onların yanına.

— Bre adamlar! Benim köprümün yanında bu bağırıp çağırma nedir? Niye ağlayıp sızlıyorsunuz? . .

— Hanım, bir güzel yiğidimiz öldü, onun için ağlıyoruz, dediler.

Deli Dumrul öfkeyle sordu:
— Bre, yiğidinizi kim öldürdü?

— Vallahi kimse öldürmedi, bey yiğit, yüce Tanrı'dan buyruk oldu, al kanatlı Azrail geldi, o güzel yiğidin canını aldı.

O zamanlar, gözünü budaktan sakınmayan, korkusuz yiğitlere "deli" derlerdi. Dumrul'un deliliği, yiğitliğindendi. Kendisi gibi bir yiğit dururken, Azrail gelip, hem de şuracıkta nasıl can alırdı? Vuruşmadan, savaşmadan can almak, yiğitliğe yakışır mıydı? Bu öfkeyle gene sordu:

— Bre, Azrail dediğiniz nasıl bir kişidir ki, adamın canını alıyor, sizi yas içinde bırakıyor?

O anda, Deli Dumrul, ellerini göğe kaldırdı, Tanrı'ya seslendi:

— Ey yüce Tanrı! Birliğinin, varlığının hakkı için, şu Azrail'i gözüme göster! Onunla dövüşeyim, savaşayım, o güzel yiğidin canını kurtarayım. Ona öyle bir ders vereyim ki, o Azrail olacak, bir daha böyle güzel yiğitlerin canını almaya tövbe etsin!..

Oradan uzaklaşıp evine geldi Deli Dumrul. Dumrul'un bu sözleri, Tanrı'nın hoşuna gitmedi: "Hele hele, şu deli kavata bak . . . Benim birliğimi bilmiyor, birliğim onu gönendirmiyor . . . Hem benim güzel dünyamda gezip dolaşsın, hem de benden yiğit kimse yok desin, Azrail'e yiğitlik taslasın!" dedi.

Böyle düşündü, Azrail'e de seslendi: "Ya Azrail! Var git, o deli kavatın gözüne görün, benzini sarart, o tatlı canını hırlat, al! Bir daha da her önüne gelene yiğitlik taslamasın!"

Deli Dumrul, yiğitleriyle bir araya gelmiş, odasında yeyip içip oturuyorlardı. Azrail birden çıkageldi. Gelişini ne bekçi gördü, ne kapıcı. Azrail'in yüzünü görür görmez, Deli Dumrul'un görür gözleri görmez oldu, tutar elleri tutmaz oldu. Dünya âlem gözlerinde karardı. Ne yapacağını şaşıran Deli Dumrul'un yüreğine acıklı ezgiler doldu, Azrail'e bir deyiş söyledi:

Bre, ne korkunç şeysin sen!
Kapıcılar görmedi, bekçiler duymadı.
Görür gözlerim görmez oldu,
Tutar ellerim tutmaz oldu.
Titredi canım coştu,
Altın kadehim elimden düştü.
Ağzımın içi buz gibi,
Kemiklerim tuz gibi oldu.

Bre, sakalcığı akça koca!
Gözceğizi çönge koca!
Bre, ne korkunç kocasın söyle bana!
Kötülüğüm dokunur yoksa sana!

Böyle deyince Azrail öfkelendi. Deli Dumrul'u payladı:

Bre deli kavat!
Gözümün çöngeliğini ne beğenmiyorsun?
Gözü güzel gelinlerin, kızların canını çok
                                        almışım!

Sakalımın ağardığını ne beğenmiyorsun?
Ak sakallı, kara sakallı yiğitlerin canını çok
almışım!

Azrail, bu öfke dolu deyişi söyledi. Sonra da şunları ekledi:

— Bre deli kavat, övünüp duruyordun, "Al kantlı Azrail'i gözüme göster, onunla dövüşeyim, savaşayım, o güzel yiğidin canını kurtarayım" diye Tanrı'ya yalvarıyordun, "Bre Deli Dumrul, şimdi senin canını almaya geldim. Söyle bana, canını verir misin, yoksa benimle dövüşür müsün? . . ."

Azrail ne denli öfkeliyse, Deli Dumrul da o denli soğukkanlı gözüküyordu. Ona sordu:

— Bre, al kanatlı Azrail sen misin?
— Evet, benim!
— Güzel güzel yiğitlerin canını sen mi alıyorsun?
— Evet, ben alıyorum!

Deli Dumrul, başını çevirip kapıcılara bağırdı:
— Bre kapıcılar! Kapıyı kapayın!

Sonra yine Azrail'e döndü:
— Bre Azrail, ben seni geniş yerde ararken dar yerde elime geçtin! Şuracıkta seni öldüreyim de, o güzel yiğidin canını kurtarayım! diye bağırdı.

Deli Dumrul, kara kılıcını sıyırıp eline aldı, Azrail'e çalmak için var gücüyle saldırdı. Azrail, birden bir ak güvercin oldu, pencereden uçup gitti. Adam azmanı Deli Dumrul ne olduğunu bilemedi, kılıcı elinde kalıverdi. Elini eline vurup kas kas güldü. Azrail'i korkuttuğunu sanıyordu:

— Yiğitlerim, dostlarım, Azrail'in gözünü öylesine korkuttum ki, geniş kapıyı bırakıp dar pencereden kaçtı. Ak güvercin gibi kuş olup uçtu. Bre ben onu bırakır mıyım, doğana aldırmayınca! . . .

Adam azmanı Deli Dumrul, kalktı atına bindi, doğanını eline aldı. Azrail'in ardına düştü. Bir iki güvercin vurdu. Dağı tepeyi dolaştı. Ama Azrail'le karşılaşamadı. Dönüp evine gelirken, Azrail, Deli Dumrul'un atının gözüne görünüverdi. At ürktü, Deli Dumrul'u kaldırdığı gibi yere çaldı. Yiğit Dumrul'un gözleri karardı. Azrail, ak göğsünün üstüne oturdu. Dumrul biraz önce mırlıyordu, şimdi hırlamaya başladı. Bir yana akan gözlerini çevirip Azrail'e yalvardı, görelim nasıl yalvardı:

Bre Azrail aman!
Tanrı'nın birliğine yoktur güman!

Ben seni böyle bilmezdim,
Böyle can aldığını sanmazdım.

Bizim, tepesi yüce dağlarımız olur,
O dağlarımızda bağlarımız olur,
O bağların kara salkımlı üzümü olur.
Üzümden şarap yaparlar,
O şaraptan içen kendinden geçer.

Şaraplıydım duymadım,
Ne söyledim bilmedim.
Beylikten usanmadım, yiğitliğe doymadım,
Canımı alma Azrail, bağışla!

Bu yalvarma üzerine bağırdı al kanatlı Azrail:

— Bre deli kavat! Bana ne yalvarıyorsun? Yalvaracaksan yüce Tanrı'ya yalvar. Benim elimde ne var?

Deli dumrul, ağlamaklı, sordu:

— Can alan, can veren yüce Tanrı mıdır?

— Evet, odur.

Deli dumrul umutlandı, Azrail'i tersledi:

— Ya peki, sen kim oluyorsun da araya giriyorsun? Sen aradan çık, ben söyleşeyim yüce Tanrı'yla, dedi.

Yiğit Dumrul, yüreğinin tüm coşkusuyla esinlendi, görelim, Tanrı'ya nasıl seslendi:

Yücelerden yücesin!
Kimse bilmez nicesin!
Güzel Tanrı'm!
Nice bilgisizler, seni gökte arar, yerde ister,
Sen, yürekten inananların gönlündesin.
Hep var olan güçlü Tanrı!
Sonsuz olan bağışlayıcı Tanrı!
Canımı alacaksan sen al,
Azrail'e koma beni!

Deli Dumrul'un bu içtenlikli yakarışı Tanrı'nın gönlüne hoş geldi. Hemen Azrail'e seslendi: "O ki, bu deli kavat benim birliğime inandı, ey Azrail, Deli Dumrul, canının yerine can bulsun, kendi canı bağışlansın!" Azrail, Tanrı'nın bu buyruğunu hemen iletti Deli Dumrul'a:

— Bre Deli Dumrul, yüce Tanrı buyruk eyledi, "Deli Dumrul, canı yerine can bulsun, kendi canı bağışlansın!" dedi.

Bunu duyan Deli Dumrul ne yapacağını şaşırdı. Azrail'e:

— Ben, canımın yerine nasıl can bulayım? dedi. Bir kocamış babamla bir yaşlı anam var. Gel gidelim, ikisinden biri, ola ki canını verir. Onun canını al, benim canımı bırak, dedi.

Deli Dumrul, atına bindi, sürdü babasının yanına geldi. Kocamış babasının elini öptü, ona bir deyiş söyledi, görelim ne söylemiş:

Ak sakallı, değerli babam,
Biliyor musun neler oldu?
Kötü söz söyledim,
Tanrı'ya hoş gelmedi.
Gök üzerinde al kanatlı Azaril'e buyruk verdi.
Azrail uçup geldi,
Benim akça göğsüme çöküp kondu,
Hırlatıp tatlı canımı alır oldu.

Baba, senden can diliyorum, verir misin,
Yoksa, oğul Deli Dumrul diye ağlar mısın?

Deli Dumrul'un babası, bir deyiş söyleyerek oğlunun dileğini şöyle karşıladı:

Oğul oğul, ey oğul!
Canımın parçası oğul!
Doğduğunda dokuz buğra kestirdiğim aslan
                                               oğul,
Penceresi altın otağımın kabzası oğul,
Güzel güzel kızlarımın, gelinlerimin çiçeği
                                               oğul!

*Karşı yatan kara dağım gerek ise,
Söyle gelsin, Azrail'in yaylası olsun.
Soğuk soğuk pınarlarım gerek ise,
Ona içit olsun.
Tavla tavla şahbaz atlarım gerek ise,
Ona binit olsun.
Katar katar develerim gerek ise,
Ona yüklet olsun.
Ağıllarda akça koyunum gerek ise,
Kara mutfak altında onun şöleni olsun.
Altın, gümüş para gerek ise,
Ona harçlık olsun.
Dünya tatlı, can değerli,
Canıma kıyamam, böyle bil!*

*Benden değerli, benden sevgili anandır,
Oğul, anana var, can dile.*

Deli Dumrul, babasından bu yanıtı alınca, varıp anasının yanına geldi. Ona da bir deyiş söylemiş, görelim nasıl söylemiş:

*Ana, ana! Can ana! Biliyor musun neler oldu?
Gökyüzünden al kanatlı Azrail uçup geldi,
Akça göğsüme çöküp kondu,
Hırlatıp canımı alır oldu.
Babamdan can diledim, vermedi.
Senden can diliyorum ana,
Canını verir misin,
Yoksa, oğul Deli Dumrul diye yaşın yaşın ağlar*
mısın,

Acı tırnağını ak yüzüne çalar mısın ana!
Kargı gibi kara saçını yolar mısın ana!

Can tatlı olur. Anası da vermemiş oğlu Deli Dumrul'a canını. O da babası gibi söylemiş, görelim ne söylemiş:

Oğul, oğul, ey oğul!
Dokuz ay dar karnımda taşıdığım oğul!
On ay deyince dünya yüzüne getirdiğim oğul!
Dolama beşiklerde belediğim oğul!
Dolu dolu ak sütümü emzirdiğim oğul!

Ak burçlu hisarlarda tutulaydın oğul,
Kâfir elinde tutsak kalaydın oğul,
Altın akça verip seni kurtaraydım oğul!

Yaman yere varmışsın, varamam,
Dünya tatlı, can değerli, hey oğul!
Canıma kıyamam, böyle bil!

Anası da böyle deyince yapacak bir şey kalmıyordu. Azrail çıkageldi, Deli Dumrul'un canını almak istedi. Deli Dumrul, bir kez daha yalvardı: "Aman Azrail, aman, Tanrı' nın birliğine yoktur güman!" Azrail, yiğit Dumrul'u payladı:

— Bre deli kavat, daha ne aman dileyip duruyorsun? Ak sakallı babanın yanına vardın, can vermedi; ak saçlı ananın yanına vardın, can vermedi. Daha kimden can umuyorsun bre Deli!

— Bir eşim, yoldaşım vardır, izin ver bir de onunla görüşüp konuşayım, dedi Deli Dumrul, el kızı eşimle, ondan olan oğlancıklarımla söyleşeyim, söyleyeceklerimi diyeyim de öyle al canımı . . .

Sürdü karısının yanına geldi, iki oğlancığını tutup öptü. Acı olayı şöyle anlattı:

> *Biliyor musun neler oldu?*
> *Gökyüzünden al kanatlı Azrail uçup geldi,*
> *Benim akça göğsüme çöküp kondu,*
> *Tatlı canımı alır oldu.*
> *Babama vardım, can vermedi,*
> *Anama vardım, can vermedi,*
> *"Dünya tatlı, can tatlı" dediler.*
>
> *Beri gel, başımın bahtı, evimin tahtı,*
> *Evden çıkıp yürüyende servi boylum,*
> *Topuğunda sarmaşanda kara saçlım,*
> *Kurulu yaya benzer çatma kaşlım,*
> *Çifte badem sığmayan dar ağızlım,*
> *Güz elmasına benzer al yanaklım,*
> *Kadınım, eşim, yoldaşım . . .*
>
> *Soğuk soğuk sularım sana içit olsun.*
> *Tavla tavla şahbaz atlarım sana binit olsun.*
> *Penceresi altın otağım sana gölge olsun.*
> *Katar katar develerim sana yüklet olsun.*
> *Ağıllarda akça koyunum sana şölen olsun.*
> *Gözün kimi tutarsa,*
> *Gönlün kimi severse,*
> *Sen ona var,*
> *İki oğlancığımı öksüz koma!*

Yiğit Dumrul'un daha sözü bitmeden, karısı atılıp söylemiş, görelim ne söylemiş:

Ne diyorsun, ne söylüyorsun?
Göz açıp gördüğüm,
Gönül verip sevdiğim,
Koç yiğidim, şah yiğidim,
Bir yastığa baş koyup sarmaştığım . . .

Karşı yatan kara dağları,
Sen olmadan ben neylerim?
Yaylar olsam, bana mezar olsun!
Şoğuk soğuk sularını,
İçer olsam, kan irin olsun!
Altın akçanı harcar olsam,
Bana kefen olsun!
Tavla tavla şahbaz atına,
Biner olsam, tabutum olsun!
Senden sonra bir yiğidi,
Sevip varsam, bir yastığa baş koysam,
Alaca yılan olup beni soksun!

Senin o anan baban,
Bir can nedir ki, kıyıp verememişler?
Yer tanık olsun, gök tanık olsun,
Görklü Tanrı tanık olsun,
Benim canım, senin canına kurban olsun!

Bunları söyledi Deli Dumrul'un karısı, onun yerine ölmek istedi. Anında, Azrail can almaya geldi. Yiğit Dumrul, eşine kıyamadı, gözleri kan yaş doldu, Tanrı'ya yalvardı, görelim nasıl yalvardı:

Yücelerden yücesin!
Kimse bilmez nicesin!
Görklü Tanrı'm!
Nice bilgisizler seni gökte arar, yerde ister,
Sen, yürekten inananların gönlündesin.
Hep var olan yüce Tanrı!
Ulu yollar üzerine,
İmaretler yaptırayım senin için,
Aç görsem doyurayım senin için,
Yalıncak görsem donatayım senin için . . .
Alırsan, ikimizin canını birden al,
Bırakırsan, ikimizin de canını bırak!
Bağışı bol, görklü Tanrı . . .

Deli Dumrul'un bu yakarışı Tanrı'ya hoş geldi. Azrail'e buyruk verdi: "Deli Dumrul'un babasının, anasının canını al, bu iki sevgili yüz kırk yıl daha yaşasınlar . . ." dedi.

Deli Dumrul, yüz kırk yıl, eşiyle birlikte yaş yaşadı, dünya gördü. Ozanlar ozanı Dedem Korkut, bu öyküyü Deli Dumrul'a adadı, "Benden sonra, yiğit ozanlar söylesin; alnı açık yüzü pak erenler dinlesin!" dedi. Şöyle bir yakarıyla bitirdi öyküyü:

Yerli kara dağların yıkılmasın!
Gölgelice koca ağacın kesilmesin!
Taşkın akan güzel suyun kurumasın!
Tanrı, kötüler karşısında eksiklik vermesin . . .

Tepegöz

Bir gün, Oğuzların üzerine düşman geldi. Geceleyin ne yapacaklarını bilemediler. Onlardan çekindiler, kondukları güzel topraklardan göçtüler. Göç kargaşalığı arasında, kaçıp giderlerken, Uruz Koca'nın oğlancığı kucaktan düşüvermiş. Bundan da kimsenin haberi olmamış. Oğlancığı bir aslan bulmuş, alıp yatağına götürmüş, orada beslemiş.

Oğuzlar, günün birinde yine gelip eski yurtlarına kondular. Gölgelice koca ağaçlara, taşkın akan güzel sulara kavuştular. Oğuz Han'ın at çobanı bir gün ormanlık yerlerden kopup geldi, şu haberi getirdi:

— Hanım, ormandan bir aslan çıkıyor, ün vurup geziniyor. Sallana sallana yürüyüşüyle adamı andırıyor. Atları parçalıyor, kanını iliğini emiyor.

Uruz Koca bu haberi duyunca, "Hanım, göç kargaşalığı sırasında kucaktan düşen belki benim oğlancığımdır!" dedi.

Bunun üzerine, beyler, atlarına bindiler. Sürüp aslan yatağına geldiler. Aslanı ürkütüp oğlancığı tuttular. Uruz, oğlancığını aldı, evine getirdi. Oğlanı bulmanın sevinciyle, günlerce yediler içtiler, eğlendiler. Ama oğlanı kaç kez tutup getirdilerse o, evde durmadı. Döndü gerisingeri aslan yatağına gitti. Yine tutup getirdiler. Baktılar ki olmuyor,

Dedem Korkut'u çağırdılar, ona danıştılar. Dedem Korkut gelip oğlana şunları söyledi:

— Oğlancığım, sen insansın, hayvanla arkadaş olma, gel güzel atlara bin, güzel yiğitlerle at sür, dedi. Büyük kardeşinin adı Kıyan Selçuk'tur, senin adın da Basat olsun. Adını ben verdim, yaşını Tanrı versin . . .

Gün oldu, Oğuzlar yaylaya göçtüler. O sırada Uruz Koca'nın yiğit bir çobanı vardı. Adına, Konur Sarı Çoban derlerdi, Oğuz'un önünce giderdi.

Uzun Pınar denmekle ünlü bir pınar vardı. Pınara periler konmuş olmalıydı. Oraya yaklaşan koyunlar ürküp kaçıyordu. Çoban, tekeye kızdı, ileri vardı. Baktı gördü ki, peri kızları kanat kanada bağlamış, uçuyorlar. Çoban, tuttu kepeneğini bu kanatları bağlı pınar perilerinin üzerlerine attı. Onlardan birini tutmayı başardı. Açgözlülük edip onunla çiftleşti. Bu olaylardan koyunlar ürküp kaçıyorlardı. Çoban, koyunların önüne koştu, peri kızı kanat vurup uçtu. Çobana da şöyle seslendi:

— Çoban, çoban! Akılsız çoban! Yıl tamam olunca gel, bende emanetin olacak, gel onu al. Şunu da bil akılsız çoban, Oğuzların başına büyük bir bela getirdin!

Konur Sarı Çobanın içine korku düştü. Korku düştü ya, peri kızının derdinden de sararıp soldu. Zaman geçti, tüm Oğuzlar yaylaya göçtüler. Soğuk pınarların başında, yaylanın otlu yerlerinde konakladılar. Bir gün, Sarı Çoban, peri kızını gördüğü pınara geldi. Yaklaşınca gördü ki, ortada bir yığınaktır yatıyor. Yığınak, parıl parıl parlıyordu. O sıra baktı gördü ki, peri kızı da çıkıp gelmiş. Peri kızı, çobana döndü:

— Çoban, çoban! Akılsız çoban! Yıl tamam oldu, gel de emanetini al. Al, al ama, Oğuzların başına bir bela getirdiğini de iyi bil! dedi.

Çoban, yığınağa elini dokundurmaya çekindi. Biraz uzaklaşıp eline sapanını aldı, yığınağı sapan taşına tuttu. Yığınak, vurdukça büyüdü, vurdukça büyüdü, vurdukça büyüdü . . . Çobanı korkuttu bu. Yığınağı bıraktığı gibi kaçtı, koyunlarının ardına düştü.

Meğer o sırada Bayındır Han, beyleriyle birlikte at gezintisine çıkmıştı. Yolları pınara düştü. Gördüler ki, ortada bir ibret nesne yatıyor, başı kıçı belirsiz. Beyler, yığınağın çevresini aldılar. Bir yiğit, atından indi, yığınağı tepti. Teptikçe büyüdü, teptikçe büyüdü . . . Birkaç yiğit daha aynı şeyi yaptı. Teptiklerince büyüdü. Uruz Koca da inip tekmeledi. Uruz Koca'nın mahmuzu dokundu bu ibret nesneye. Yığınak yarılıverdi, içinden bir oğlan çıktı. Oğlanın gövdesi adam gövdesi, ama tepesinde bir gözü var. Uruz Koca aldı bu oğlanı, eteğine sardı, Bayındır Han'a şöyle dedi:

— Hanım, bunu bana verin, oğlum Basat'la birlikte besleyip büyüteyim. Av avlasınlar, kuş kuşlasınlar, çayırlarda güreşip büyüsünler . . .

Bayındır Han:

— Al, senin olsun! dedi.

Bunun üzerine Uruz, Tepegöz'ü aldı evine getirdi. Ona bir dadı tuttular. Dadı çıktı geldi. Sandı ki, öteki çocuklar gibidir Tepegöz. Çıkardı memesini ağzına verdi. Tepegöz bir emdi, olanca sütünü aldı, iki emdi, kanını aldı. Üç emdi, canını aldı. Birkaç dadı daha getirdiler. Onları da öldürdü. Baktılar olmuyor, sütle besleyelim dediler. Günde bir kazan süt yetmedi.

Beslediler büyüdü, beslediler büyüdü. Gezmeye başladı, oğlancıklarla oynar oldu. Oğlancıkların kiminin burnunu, kiminin kulağını yedi. Halkın canı çok yandı. Halk ne yapacağını şaşırdı. Bir yanda beyleri Uruz, bir yanda Tepegöz! Oba halkı toplaşıp Uruz'a gittiler, baş eğdiler. Hep birden, Tepegöz'den yakınıp ağlaştılar.

Halkın sesine verdi kulağını koca Uruz. Tepegöz'ü aldı ayaklarının altına, iyice dövdü. Dışarıya çıkmasını da yasakladı. Oğlan dinlemedi. Baktı olmuyor, Uruz, Tepegöz'ü evden kovdu.

Tepegöz'ün peri anası izler dururdu olup bitenleri. Kovulmuş oğlunu bağrına bastı, bir de büyülü bir yüzük geçirdi Tepegöz'ün parmağına. Ona şu öğüdü verdi: "Oğul, oğul, can oğul! Sana ok batmasın, tenini kılıç kesmesin!"

Tepegöz, oğuzların arasından çıktı, bir dağa vardı. Tepesinden duman eksilmez bir dağa yerleşti. Yol kesti, adam aldı, korku yaratan bir yolkesici oldu. Üzerine yiğit savaşçılar gönderdiler. Ok attılar batmadı, kılıç çaldılar kesmedi, mızraklar saplanmadı. Çoban çocuk kalmadı, Tepegöz yedi. Çoban çocukla kalsaydı, yine iyi. Oğuz'dan da adamlar yemeye başladı. Oğuzlar toplaşıp Tepegöz'ün üzerine yürüdüler. Tepegöz buna çok kızdı. Koca bir ateş parçası gibi oldu. Bu kızgınlıkla koca bir ağacı tuttu yerinden çıkardı, fırlatıp attı adamların üzerine. Ağacın çarptığı elli kişi oracıkta can verdi.

Tepegöz, alplar başı Kazan'a öyle bir vuruş vurdu ki, dünya, Kazan'ın başına dar oldu. Kazan'ın kardeşi Kara Güne, Tepegöz'ün karşısında güçsüz kaldı. Düzen oğlu Alp Rüstem şehit düştü. Kanı şorlayıp aktı. Uşun Kocaoğlu gibi bir yiğit, Tepegöz'e yenildi, ölüp gitti. Tepegöz, onun iki kardeşini de aldı. Demir giysili Mamak da onun elinde öldü. Bıyığı kanlı Büğdüz Emen, Tepegöz'ün büyülü gücü karşısında güçsüz kaldı. Ak sakallı Koca Uruz'a kan kusturdu Tepegöz. Uruz'un oğlu Kıyan Selçuk'un ödünü patlattı.

Oğuzlar, Tepegöz'e hiçbir şey yapamadılar. Oturdukları yerleri bırakıp kaçmak istediler. Tepegöz, kaçmalarını önledi. Oğuzlar yedi kez kaçtılar, Tepegöz yedi kez önlerini aldı. Oğuzlar, Tepegöz'ün elinde güçsüz kalınca Dedem Korkut'a başvurdular. Ozanlar ozanı Dedem Korkut çıkıp geldi. Onca yiğidin ölümü Dedem Korkut'un içini burktu. Oğuzlar, Tepegöz' le anlaşmayı, kesim kesmeyi önerdiler. Öneriyi, Dedem Korkut' un Tepegöz'e iletmesini dilediler.

Dedem Korkut öyle bir bilgeydi ki, değil Tepegöz'ün büyüsü, hiçbir şey etkilemezdi onu. Oğuzları her darlıktan kurtaran o idi. Oğuzlar iyi düşünmüşlerdi. Olsa olsa, bir tek Dedem Korkut'a yetmezdi

Tepegöz'ün gücü. Dedem Korkut vardı gitti Tepegöz'ün oturduğu dağa. Dağın tepesini duman bürümüştü gene. Oğuzlar, Dedem Korkut'un getireceği haberi soluk almadan bekliyorlardı. Dedem Korkut selam verip söze başladı:

— Oğul Tepegöz, Oğuz senin elinde güçsüz kaldı, bunaldı. Ayağının toprağına beni saldılar, kesim verelim diyorlar.

Tepegöz:

— Olur, kesim keselim, günde altmış adam verin yemeye . . dedi.

Dedem Korkut:

— Sen adam bırakmaz tüketirsin Oğuz'da, dedi, sana iki adamla beş yüz koyun verelim . . .

— İyi, hoş, öyle olsun, ayrıca iki adam da verin, yemeğimi pişirsin, güzelce yiyeyim.

Dedem Korkut döndü Oğuz'a geldi, durumu bildirdi:

— Yünlü Koca ile Yapağılı Koca'yı Tepegöz'e gönderin, onlar aş pişirecekler. Günde iki adamla beş yüz de koyun istedi, dedi.

Oğuzlar buna da razı oldular. Dört oğlu olan, birini verdi, üçü kaldı. Üç olan, birini verdi, ikisi kaldı. İki olan, birini verdi, biri kaldı . . .

Kapak Kan derler bir kişi vardı. İki oğul babasıydı. Birini vermişti, biri kalmıştı. Sıra dolanmış, ona gelmişti. Oğlanın anası bağırıp çağırmaya başladı. Her bağırışında sanki ciğerinden parça kopuyordu.

Uruz Koca'nın oğlu yiğit Basat savaşa gitmiş, o günlerde de savaştan dönmüştü. Kadın gitti, Basat'ı buldu. "Basat yeni akından döndü, yanına varayım, belki bana bir tutsak verir, onu Tepegöz'e gönderir, kendi oğlancığımı kurtarırım" diye düşündü.

Basat, altınlı gölgeliğini dikmiş otururken gördü ki bir hatun kişi geliyor. Geldi, içeriye Basat'ın yanına girdi. Selam verip oturdu. Bağırıp çağırmaya, ciğeri yırtılırcasına ağlamaya başladı. Ağlarken de şu deyişi söylüyordu:

İç Oğuz'da, Dış Oğuz'da adı belli,
Uruz oğlu hanım Basat, bana medet!

Basat, kadına sordu:
— Benden ne diliyorsun bre anam?
Ağlamasını kesmeden, kadın, olanı biteni anlattı:
— Yalancı dünya yüzüne bir er çıktı. Oğuz elini, yaylımına kondurmadı. Kara çelik öz kılıçlar, kesilecek kılını kestirmedi. Kargı, mızrak oynatanlar, ona batıramadılar kargılarını, mızraklarını. Kayın oklar atanlar, güçsüz kaldılar. Bıyığı kanlı Büğdüz güçsüz kaldı elinde. Ak sakallı baban Uruz'a kan kusturdu. Kardeşin Kıyan Selçuk'un ödü patladı, can verdi. Güçlü Oğuz beylerinin kimini yendi, kimini şehit etti. Yedi kez, Oğuzları yerlerinden sürdü çıkardı. Kesim dedi kesti, günde iki adamla beş yüz koyun istedi yemeden geberesi. Yünlü Koca ile Yapağılı Koca'yı ona hizmetçi verdiler. Bu kocalar onun yemeğini pişiriyorlar şimdi. Dört oğlu olan, birini verdi, üçü kaldı. Üç olan, birini verdi. İki olan, birini . . . İki oğlancığım vardı, birini verdim,

biri kaldı. Döndü sıra bana geldi. Onu da istiyorlar, Hanım, bana medet!

Bunları duyan Basat'ın kara gözleri yaşla doldu. Yüreğindeki kardeş duygusu depreşti. Aldı kopuzunu eline, kardeşi için söyledi, görelim nasıl söyledi:

> Açık açık yerlere dikilmiş çadırlarını,
> O zalim mi yıktırdı ola kardeş?
> Yüğrük atlarını tavlasından,
> O zalim mi seçtirdi ola kardeş?
> Güzel güzel develerini katarından,
> O zalim mi ayırdı ola kardeş?
> Şöleninde kestirdiğin koyununu,
> O zalim mi kesti ola kardeş?
> Güvencimle getirdiğim gelinciğini,
> O zalim mi senden ayırdı ola kardeş?
>
> Ak sakallı babamı oğul diye ağlattın mı ola
> kardeş!
> Akça yüzlü anamı sızlattın mı ola kardeş!
>
> Karşı yatan kara dağımın yükseği kardeş!
> Küşür küşür akan suyumun taşkını kardeş!
> Belimin gücü kardeş!
> Karanlık gözlerimin ışığı kardeş!

"Kardeşimden ayrıldım!" diye diye çok ağladı, bağrıp çağırdı. Hatun kişinin yalvarmasına dayanamadı, ona bir tutsak verdi:

— Var git, oğlunu kurtar! dedi.

Hatun getirip tutsağı oğlunun yerine verdi.

"Oğlun geldi, duymadın mı Koca Uruz?" diye Uruz'u muştuladı. Uruz çok sevindi. Güçlü Oğuz beylerini topladı. Hep birlikte Basat'ı karşılamaya gittiler. Basat, babasını görünce yerinden kalktı, tuttu ellerinden öptü. Baba oğul kucaklaştılar, olanı biteni anlatıp ağlaştılar. Beyler, Uruz'la Basat'ı aralarına aldılar. Basat'ı anasının odasına getirdiler. Anası, oğlancığını görüp ne yapacağını şaşırdı. Koşup oğlancığını kucakladı. Basat eğildi, anasının ellerini öptü. Özlem duyduğu ana kokusunu içine sindirdi. Bir ağlaşma da orada koptu. Güçlü Oğuz beyleri yine toplandılar. Yediler içtiler, eğlendiler. Yiğit Basat, bunalmış başını yerden kaldırmadı. Ne yedi, ne içti, ne eğlendi . . . Kara gözlerini Oğuz beylerinin üzerinde gezdirdi:

— Güçlü beyler, erdemli Oğuz kocaları! Kardeş acısı yüreğimi dağlamıştır. Kardeşimin uğruna, Tepegöz'le buluşmak istiyorum, ne buyuruyorsunuz? dedi.

Oğuz içinde adı dillerde dolanan, yiğitliği Şam'ı, Rum'u aşan Kazan Bey, Basat'ın bu isteğini çocukça buldu. Söylemiş, görelim nasıl söylemiş:

Kara ejderha çıktı Tepegöz,
Gökyüzünde çevirdim, yenemedim Basat!
Kara kaplan çıktı Tepegöz,
Kara kara dağlarda çevirdim, yenemedim
Basat!

Kükremiş aslan çıktı Tepegöz,
Sayısız ormanlarda çevirdim, yenemedim
Basat!

Er de olsan, bey de olsan,
Ben Kazan gücünde olmayasın Basat!

Ak sakallı babanı ağlatma,
Ak pürçekli ananı sızlatma!

Kazan Bey'in sözleri etkilemedi Basat'ı. Kazan Bey'e döndü:
— Gitmem gerek beyim Kazan! dedi.
Kazan Bey, yiğitliği bilirdi. Bir daha üstelemedi.
— Sen bilirsin Basat, yüzün ak olsun! dedi.
Kazan Bey'le Basat arasında bu konuşma geçerken Koca Uruz ağlıyordu. Oğluna:
— Oğul, ocağımı ıssız koma, gel acı bana, varma Tepegöz'ün üstüne! dedi.
Basat:
— Varmam gerek, ak sakallı, değerli baba, beni yolumdan koma! dedi.
Böyle dedi, okluğundan bir tutam ok çıkardı, beline soktu. Kılıcını çapraz kuşandı. Yayını omzuna astı, eteklerini kıvırdı. Babasının ellerini öptü, onlarla helalleşti. Herkese, hoşça kalın, dedi. Atı ok gibi fırladı, bir solukta gözden kayboldu.

Basat, Tepegöz'ün bulunduğu Salahana kayasına geldi. Gördü ki, Tepegöz, arkasını güne vermiş yatıyor. Belinden bir ok çekti Basat. Oku Tepegöz'ün bağrına vurdu. Ok geçmedi, parçalandı. Bir daha attı. O da parça parça oldu. Hiçbir şeyden haberi yokmuş gibi davranan Tepegöz, yemeğini pişiren kocalara döndü. Gök gürlemesi sesiyle:
— Bu yerlerin sineği bizi usandırdı! dedi.

Basat bir ok daha attı. O da parçalandı. Bir parçası da gitti Tepegöz'ün önüne düştü. Tepegöz sıçradı kalktı, karşısında Basat'ı gördü. Elini eline çaldı, kas kas güldü. Kocalara döndü:

— Oğuz'dan bize gene bir turfanda kuzu gelmiş olmalı . . . dedi.

Basat'ı önüne kattı, kovaladı, kovaladı. Sonunda da tuttu, boğazından sallandırdı. Yatağına götürdü, ediğinin koncuna soktu. Kocalara:

— Bre kocalar, ikindileyin bunu çeviresiniz, yiyeyim, dedi.

Sonra yattı uyudu Tepegöz. Basat'ın hançeri vardı. Belinden çıkardı, ediği yardı, içinden çıktı Basat. Kocalara sordu:

— Bre kocalar, ölümü nedendir bunun?

Kocalar:

— Bilmeyiz . . . Ama gözünden başka yerde et yoktur, dediler.

Basat, Tepegöz'ün başıucuna geldi. Baktı gördü ki, gözü gerçekten ettir. Kocalara döndü:

— Bre kocalar, şişi ocağa koyun, iyice kızsın! dedi.

Şişi ocağa koydular, kızdı, pul gibi oldu. Basat, kızgın şişi eline aldı, bismillah deyip şişi Tepegöz'ün gözüne öyle bastı ki, göz möz ortada kalmadı. Tepegöz öyle bağırdı ki, sesi dağda taşta yankılandı.

Basat orada durmadı, sıçradı, mağarada koyunların arasına saklandı. Tepegöz, Basat'ın mağarada olduğunu anladı. Ayağının birini kapının bir yanına, öbürünü öbür yanına koydu. Koyunlara seslendi:

— Bre koyunların başları erkeç, bir bir gelin, geçin, dedi.

Bir bir gelip geçtiler. Her birinin başını yokladı:

— Toklucuklar, gözümün bebeği sakar koç, gel geç, dedi.

O sırada bir koç yerinden kalktı, gerinip uzadı. Basat hemen atıldı, koçu tutup boğazladı, derisini yüzdü. Ama kuyruğu ile başını deriden ayırmadı. Bu derinin içine girdi. Basat, Tepegöz'ün önüne geldi. Tepegöz de bildi ki, Basat derinin içindedir. Ona şöyle seslendi:

— Ey sakar koç, benim nereden öleceğimi bildin, öyle çalayım seni mağara duvarına ki, kuyruğun mağarayı yağlasın!

Basat, koçun başını Tepegöz'ün eline sundu. Tepegöz, boynuzdan sımsıkı tuttu. Kaldırınca, boynuz deriyle elinde kaldı. Basat, Tepegöz'ün budu arasından sıçrayıp çıktı. Tepegöz boynuzu getirip yere çaldı, Basat'a sordu:

— Oğlan, kurtuldun mu?

— Tanrım kurtardı!

Tepegöz:

— Bre oğlan, al şu parmağımdaki yüzüğü parmağına tak, sana ok ve kılıç zarar vermesin.

Basat aldı yüzüğü, parmağına geçirdi. Tepegöz yine sordu:

— Oğlan, yüzüğü alıp takındın mı?

— Takındım!

Tepegöz birden Basat'ın üzerine saldırdı, hançerle çaldı, kesti. Sıçradı, geniş yerde durdu. Gördü ki,

yüzük yine Tepegöz'ün ayağı altında duruyor. Tepegöz sordu:
— Kurtuldun mu?
— Tanrım kurtardı!
— Oğlan, şu kümbeti gördün mü?
— Gördüm!
— Kümbette benim hazinem var. O kocalar almasınlar, var mühürle.

Basat kümbetin içine girdi. Gördü ki, altın akçe yığılmış. Şaşkınlıktan kendini unuttu. O sırada Tepegöz, kümbetin kapısını tuttu. Basat'a yine sordu:
— Kümbete girdin mi?
— Girdim!
— Öyle bir çalayım ki, kümbetle birlikte darmadağın olasın!

Basat'ın yüreğine doğdu, "Lâ ilâhe illâ'llah, Muhammed'un resûlu'llah!" demesiyle, o anda kümbet yarıldı, yedi yerden kapı açıldı. Basat birinden dışarı çıktı. Tepegöz kümbete elini soktu, öyle sarstı ki, kümbet darmadağın oldu. Basat'a yine sordu:
— Oğlan, kurtuldun mu?
— Tanrım kurtardı!
— Sana ölüm yokmuş! Şu mağarayı gördün mü?
— Gördüm!
— Orada iki kılıç vardır: Biri kınlıdır, biri kınsız. Ancak o kınsız keser benim başımı. Var getir, benim başımı kes!

Basat koştu, mağaranın kapısına vardı. Gördü ki bir kınsız kılıç, durmadan, aşağı yukarı inip çıkıyor.

Basat, içinden, "Aman, buna düşüncesizce yapışıp kalmayayım . . ." dedi. Kendi kılıcını çıkardı, inip çıkan kılıca tuttu. Kılıcı iki parçaya bölündü. Basat gitti bir ağaç getirdi. Ağacı da iki parçaya böldü kılıç. Sonra yayını aldı, gerdi. Kılıcın asıldığı zinciri okuyla parçaladı. Kılıç düştü, yere gömüldü. Kendi kılıcını kınına soktu. Yere gömülen kılıcı da kabzasından sımsıkı tuttu. Geldi, Tepegöz'ün karşısında durdu:

— Bre Tepegöz, nasılsın?
— Bre oğlan, daha ölmedin mi?
— Tanrım öldürmedi!
— Sana ölüm yokmuş . . .

Bunun üzerine Tepegöz çağırıp söylemiş, görelim nasıl söylemiş:

Gözüm gözüm, yalınız gözüm!
Sen yalınız gözle ben,
Oğuz'u kırıp geçirmiştim.
Ala gözden ayırdın yiğit beni!
Tatlı candan ayırsın Tanrı seni!
Öyle çekerim ki göz acısını,
Hiçbir yiğide vermesin Tanrı böyle acıyı . . .

Çağırıp söylemesi sürdü Tepegöz'ün:

Konduğunda göçtüğünde yiğit, yerin neresidir?
Karanlık gece içinde yolunu yitirsen
                              umudun nedir?
Büyük bayrak taşıyan hanınız kim?
Savaş gününde önden giden alpınız kim?

Ak sakallı babanın adı nedir?
Alp adamın, adını erden gizlemesi ayıp olur,
Adın nedir yiğit, söyle bana!

Basat da söylemiş, görelim nasıl söylemiş:

Konduğumda göçtüğümde yerim Gün Ortaç!
Karanlık gece içinde yolumu yitirsem, umudum
Tanrı!
Büyük bayrak taşıyan hanımız, Bayındır Han!
Savaş gününde önden giden alpımız, Ulaş oğlu
Salur Kazan!
Babamın adını sorar olsan, kaba ağaç!
Anamın adını dersen, kükremiş aslan!
Benim adımı sorarsan, Uruz oğlu Basat'tır!

Tepegöz bunu duyunca sevindi:
— Demek kardeşiz . . . Kıyma bana, kardeşim Basat!
Basat, deyiş söyleyerek yanıtladı Tepegöz'ü:

Bre kavat, ak sakallı babamı ağlatmışsın!
Ak saçlı anamı sızlatmışsın!
Kardeşim Kıyan'ı öldürmüşsün!
Akça yüzlü yengemi dul bırakmışsın!
Ala gözlü bebeklerini öksüz komuşsun!
Sana kor muyum bunları . . .
Kara çelik öz kılıcımı çekmeyince . . .
Kafalı börklü başını kesmeyince . . .
Alca kanını yeryüzüne dökmeyince . . .
Kardeşim Kıyan'ın kanını almayınca . . .

Bu kez Tepegöz aldı sözü, bir deyiş söyledi:

Kalkıp yerimden doğrulayım, derdim,
Güçlü Oğuz beylerinden andımı bozayım,
derdim,
Yiğidini, doğanını öldüreyim, derdim,
Adam etine iyice doyayım, derdim,
Güçlü Oğuz beyleri üzerime iyice bir toplanıp
gelse, derdim,
Kaçıp Salahana kayasına gireyim, derdim,
Ağır mancınık taşını atayım, derdim,
İnip taş başıma, düşüp öleyim, derdim . . .
Ala gözden ayırdın yiğit beni!
Tatlı candan ayırsın Tanrı seni!

Deyişini kesmedi, sürdürdü Tepegöz:

Ak sakallı kocaları çok ağlatmışım!
Ak sakalın ahı mı tuttu ola gözüm seni?

Ak pürçekli karıcıkları çok ağlatmışım!
Gözünün yaşı mı tuttu ola gözüm seni?

Yanağı tüylenmiş yiğitleri çok yemişim!
Yiğitlikleri mi tuttu ola gözüm seni?

Elceğizleri kınalı kızcağızları çok yemişim!
Ahları mı tuttu ola gözüm seni?

Öylesine çekerim ki göz acısını . . .
Hiçbir yiğide vermesin Tanrı böyle acıyı . . .
Gözüm gözüm, ey gözüm, yalınız gözüm . . .

Basat kızıp yerinden kalktı. Tepegöz'ü, deve gibi,

dizi üzerine çökertti. Tepegöz'ün kendi kılıcıyla boynunu vurdu, deldi, yay kirişini taktı, sürüye sürüye mağaranın kapısına getirdi.

Basat, Yünlü Koca ile Yapağılı Koca'yı, obasına muştucu gönderdi. Ak boz atlarına bindiler, gittiler. Oğuz ellerine haber geldi. Babası Uruz Koca'nın evine haberci geldi. Haber, Basat'ın anasını çok sevindirdi. "Muştular olsun, oğlun, Tepegöz'ü tepeledi!" dediler.

Güçlü Oğuz beyleri atlarına bindiler, Salahana kayasına vardılar. Tepegöz'ün başını ortaya getirdiler. Dedem Korkut gelip coşkulu havalar çaldı, yiğitlerin başına neler geldiğini anlattı. Basat'ı gönülledi:

Kara dağa vardığında aşıt versin,
Kanlı kanlı sulardan geçit versin.

Basat'a şunları söyledi:
— Erlik gösterdin, kardeşinin kanını kurtardın. Güçlü Oğuz beylerini bir beladan uzaklaştırdın. Tanrı, yüzünü ak etsin, Basat . . .

Dedem Korkut, Tepegöz öyküsünü de şöyle bağladı:

Yerli kara dağların yıkılmasın!
Gölgelice koca ağacın kesilmesin!
Taşkın akan güzel suyun kurumasın!
Tanrı, kötüler karşısında eksiklik vermesin . . .

ARARAT BÜCHER
ausgezeichnet mit dem Preis des Roten Elefanten 1980
TEXTE IN ZWEI SPRACHEN
deutsch-türkisch

Erfahrungen ausländischer Arbeiter und ihrer Kinder (mit sprachlichem Übungsteil)

YÜKSEL PAZARKAYA
Heimat in der Fremde
ISBN 3-921889-51-0

FAKİR BAYKURT
Die Friedenstorte
ISBN 3-921889-55-3

MUSTAPHA EL HAJAJ
Fünf Geschichten
ISBN 3-921889-52-9

Geschichten in Versform, Schwänke, Märchen (mit sprachlichem Übungsteil, auch für Kinder ab zehn Jahren geeignet)

NAZIM HİKMET
Allem Kallem
ISBN 3-921889-56-1

ARAS ÖREN
Alte Märchen neu erzählt
ISBN 3-921889-53-7

ORHAN VELİ KANIK
Das Wort des Esels
ISBN 3-921889-54-5

Die Problematik der Arbeitsemigration und ihr Niederschlag in der türkischen Literatur

YUSUF Z. BAHADINLI
Zwischen zwei Welten
ISBN 3-921889-57-X

HABİB BEKTAŞ
Belagerung des Lebens
ISBN 3-921889-58-8

GÜLTEN DAYIOĞLU
Beiß die Zähne zusammen
ISBN 3-921889-59-6

Und ein Liederbuch in zwei Sprachen, mit Noten und Gitarrengriffen

ZÜLFÜ LİVANELİ
Lieder zwischen Vorgestern und Übermorgen
ISBN 3-921889-60-X